blue notes
109

Paris ist bis heute ein Traumziel für Verliebte aus aller Welt, der Mythos der französischen Hauptstadt als Stadt der Liebe ist ungebrochen. Ob »für die Dauer eines Chansons« verliebt, wie es Juliette Gréco besang, oder für ein halbes Leben zusammen – immer scheint für Liebespaare »unter dem Himmel von Paris ein zärtliches Lied zu schweben«. Zugleich verlockte das Paris des frühen 20. Jahrhunderts vor allem Künstlerinnen mit der Chance, ein freieres Leben zu führen als zuvor möglich. Bis in die 1960er-Jahre wohnten viele Schriftstellerinnen, Journalisten, Malerinnen, Musiker samt Groupies, Musen und Freundinnen dort in billigen, manchmal schäbigen Hotels. Das intellektuelle Leben fand in der Öffentlichkeit oder in Salons statt. Man traf sich in Cafés, Bistros, Brasserien und Restaurants, von denen so manche in der strukturell kaum veränderten Pariser Cité noch existieren. Andrea Reidt lädt in neun biografischen Essays ein, mit ihr die inneren Wahrheiten legendärer Beziehungen aus der Künstlerszene zu entschlüsseln und ausgewählte Pariser Schauplätze dieser Liebesgeschichten zu entdecken.

Andrea Reidt, Autorin und Fotoreporterin, veröffentlicht kulturgeschichtliche Essays, erzählende Reisebücher, Stadtführer, literarische Porträts und Literaturkritiken. Kindheit/Jugend in Frankreich und Hessen. Studium der Romanistik, Germanistik und Publizistik. Tätigkeiten als Tageszeitungs-Redakteurin, Kulturreporterin für die *Frankfurter Allgemeine Zeitung*, länderkundliche Texterin mit dem Designer Otl Aicher, Pressesprecherin in Politik und Wirtschaft sowie Projektleiterin der Stiftung Ravensburger Verlag. Sie lebt mit ihrer Familie in Wiesbaden und Marburg.

Andrea Reidt

Pariser Amouren

Auf den Spuren berühmter Paare

ebersbach & simon

Rolf, pour toujours

Inhalt

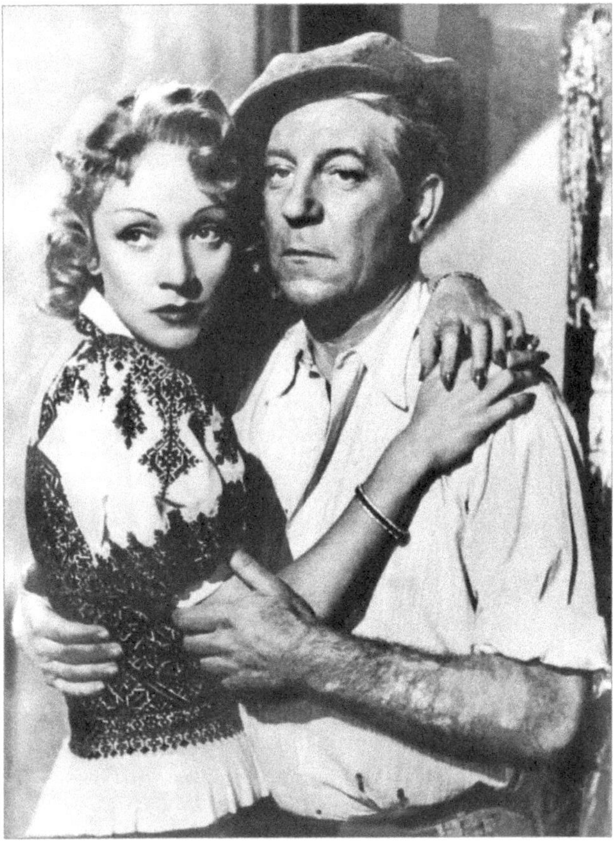

»Aus Brokat macht man keine Küchenschürzen …«
Marlene Dietrich (1901–1992) und Jean Gabin (1904–1976) in »Martin Roumagnac«, 1946

Brokat und Bauer
Marlene Dietrich und Jean Gabin

Ich bin von Kopf bis Fuß auf Liebe eingestellt,
Denn das ist meine Welt, und sonst gar nichts.
»Der blaue Engel«, Lied der Lola, 1930

Notiz von Marlene Dietrich in ihrem Tagebuch, am 16. Februar 1942 in Hollywood: »Nur eines will ich, Dir meine Liebe schenken. Willst Du sie nicht, ist mein Leben zerstört.« Einen Tag zuvor: »Er ist weg.« Der äußerst eifersüchtige französische Schauspieler Jean Gabin hatte aktuelle Liebesbriefe mehrerer Verflossener seiner Gefährtin entdeckt und war wutentbrannt zu Dreharbeiten nach New York abgereist. Ohnehin kam er nicht gut damit zurecht, dass seine Angebetete mit zwei Ex-Liebhabern für den Film *Die Freibeuterin* vor der Kamera stand. Dazu ihre Shoppingexzesse, ihre Verschwendungssucht, die luxuriösen Kleidungsstücke – der Persianer, der Opossum-Muff, die Silberfüchse, die Hüte, Herrenanzüge, Kostüme, Negligés, Seidenpyjamas, Hosen, tonnenweise Haute-Couture-Abendkleider, Krawatten, Blusen, Dessous, Schuhe, Abendtaschen, Schmuck, Ansteckblumen. Sie ist *die* Marlene, ihr Mythos ist international zementiert als die Frau, »deren Blick uns mit einmal trifft wie ein Ruf, wie ein Schicksal, eine Wunscherfüllerin, der Traum der Tausenden« (Franz Hessel 1931). Er dagegen gilt als

Naturbursche, »der auf der Leinwand so echt erscheinen kann wie im Leben«, als »Mann des Volkes«.

Jean Gabin, der die Glitzer- und Glamourseite in Marlenes Wesen nicht mag, haut also erst einmal ab. Marlene Dietrich bleibt in ihrem Hotelpavillon zurück und denkt nach. Sie hofft auf Versöhnung, auch weil sie glaubt, schwanger zu sein, was sich später als Irrtum herausstellt. Sie wartet, ein ungewohnter Zustand, den sonst die Verehrer der blonden Filmdiva einnehmen müssen. Ja, sie denkt sogar ernsthaft über eine Scheidung von Ehemann Rudi Sieber nach, eine noch seltenere Anwandlung. Denn Rudi (*Papi*) ist und bleibt lebenslang Marlenes (*Mutti*) bester Freund und Vertrauter, ihr Manager, Tröster, Buchhalter, Mädchen für alles, der ihr Pakete und Gepäck über Kontinente nachschickt, sich um Töchterchen Maria kümmert, Fanpost und Rechnungen sortiert und die Briefe der zahlreichen Liebhaber seiner Frau mitliest, kommentiert und archiviert – was die Absender nie erfahren. Durch die Jahrzehnte, durch alle Wirren von Film- und Showjobs, Affären und Hotels reist Marlene Dietrich mit ihrer »Umgebung«, wie sie ihren Tross nennt, bestehend aus Ehemann, Tochter, Kindermädchen Tamara Matul (Rudis lebenslange Geliebte), Marlenes aktuellem Lover und ein bis zwei Mitarbeiterinnen, in der Welt herum, wobei Paris und dort lange Zeit das *Hôtel Lancaster* ihre Wahlheimat ist. Alle leben gut von Marlenes Gagen. Der langjährige Liebhaber und Freund, Bestsellerautor Erich Maria Remarque, hatte sich, wenn auch murrend, Marlenes Familiensystem untergeordnet. Einem Star wie Jean Gabin, bürgerlich-konservativ und eifersüchtig bis auf die Knochen, mutet Marlene eine solche *ménage* nicht zu. Remarque ist der feinsinnige, gebildete Typ, Gabin ein rauer Bursche mit gelegentlich rüden Umgangsformen.

Drei Wochen nach dem Krach, Ende Februar 1942, begraben der »Brummbär« und die blonde Stilikone in dem bei Promis beliebten Wüsten-Resort La Quinta ihren Streit und kehren verliebter denn je nach Hollywood zurück.

Als Jean-Alexis Moncorgé, Künstlername Jean Gabin, und Marlene Dietrich sich 1938 in Paris kennenlernten, war er bereits ein Idol des französischen Films und sie ein weltweit bewunderter Hollywoodstar. 1939 sahen sie sich flüchtig in Antibes am Mittelmeer wieder. Bei ihrer erneuten Begegnung 1941 im New Yorker Kabarett *La Vie Parisienne* erfasste sie der legendäre *coup de foudre*, ein Blitzschlag der Liebe. Es begann eine leidenschaftliche Beziehung, deren Feuer trotz bitterer Enttäuschungen und längerer Trennungszeiten bis 1947 immer neu aufloderte, schließlich erlosch und für sie in zuckersüßer Erinnerung gefror, für ihn einen bitteren Beigeschmack behielt.

1940 hatte sich Jean Gabin von seiner Geliebten, der französischen Schauspielerin Michèle Morgan, getrennt; ungefähr zur selben Zeit hatte er die Scheidung von seiner Frau Doriane eingereicht und war strikt entschlossen, keinesfalls im Vichy-Frankreich künstlerisch zu arbeiten. Es gelang ihm, über Spanien und Portugal auszureisen. Wie andere Exilierte zog es auch ihn in die Filmfabrik Hollywood, deren Manager sich allerdings vor jobsuchenden europäischen Schauspielern mit schwachen Englischkenntnissen nicht retten konnten. Gabin jedoch eilte sein Ruf voraus: Er wurde mit offenen Armen empfangen, obwohl er kein Wort Englisch sprach. Dennoch fühlte er sich im Haifischbecken der Diven und

Dandys unwohl. Vorsorglich war er mit einigen tröstenden Überlebensaccessoires im Gepäck angereist: mit Akkordeon, Rennrad und drei wertvollen Gemälden von Sisley, Vlaminck und Renoir. Aber er musste nicht lange darben, denn in Hollywood umwehte ihn ein warmer Wirbelwind namens Marlene. Gerade hatte sie sich einer skandalösen Romanze mit Filmpartner John Wayne hingegeben und die von Waynes Frau aufgescheuchten amerikanischen Sittlichkeitsvereine mit demonstrativen Spaziergängen am Arm des Gatten Rudi besänftigt. Begeistert stürzte sie sich nun in ein neues Abenteuer.

Marlene war prädestiniert für die Rolle der Fürsorglichen in der snobistischen Hollywoodgesellschaft, denn sie kannte deren Schattenseiten. Nach ihrem kometenhaften Aufstieg hatte sie eine schmerzliche Zeit der Arbeitslosigkeit erlebt, die das Selbstbewusstsein der »feschen Lola« arg ankratzte. Zwei Jahre lang kein Engagement, bis zum Comeback in dem Welterfolg *Der große Bluff* (1939). Stattdessen kam Applaus von der falschen Seite: 1938 ließ NS-Propagandaminister Joseph Goebbels ihr das silberne Mutterkreuz nach Kalifornien schicken, das eigentlich für Mütter von sechs bis sieben Kindern mit lupenreinem Lebenswandel gedacht war. Marlene war zwar verheiratet, hatte aber nur eine Tochter, schlief ungeniert mit den meisten ihrer Filmpartner und war mit dem »meistgehassten deutschen Schriftsteller« Erich Maria Remarque liiert. Der *Blaue Engel* war schon 1933 aus deutschen Kinosälen verbannt worden. Sie kommentierte Goebbels' Initiative als »unglaubliche Chuzpe dieser Dreckskerle« und bemühte sich um die amerikanische Staatsbürgerschaft.

Nun also ein heimwehkranker Franzose, und nicht

der Erste. 1932 hatten sich Marlene und der französische Schauspieler und Sänger Maurice Chevalier gegenseitig in Hollywood getröstet, wo sie sich beide fremd fühlten. »Mit ihm kann sie beim Champagner über Debussy reden und über Toulouse-Lautrec«, berichtet Biografin Eva Gesine Baur. Mit Chevalier, dem Prototyp eines kultivierten, eleganten Franzosen, hat Gabin nichts gemein. Er ist ein schweigsamer Mensch, häuslich, trotz seiner Popularität schüchtern und scheu, wirkt laut Marlene »wie ein Fisch auf dem Trockenen«. Tochter Maria Riva erinnert sich: »Er lief in die Arme meiner Mutter wie ein sturmgeschütteltes Schiff in seinen Heimathafen.« Sie analysiert: »Es wurde die dauerhafteste, leidenschaftlichste und quälendste Liebe im Leben von beiden – und wer am meisten litt, war Gabin.« Der Schauspieler bezieht den Hotel-Bungalow, den Remarque soeben verlassen hat. Marlene mietet zusätzlich von Greta Garbo ein einsam gelegenes Häuschen in Brentwood Heights und erschafft ihm ein frankophiles Heim mit Baguette, französischem Wein und Gerichten wie Pot-au-feu, Cordon bleu, Chou farci und Tarte Tatin. Heimchen-am-Herd-Spielen für einen Mann ist etwas, das sie in Krisenzeiten beruhigt; ihre Kochkünste sind legendär. Mit Gabin spricht sie Französisch, unterrichtet ihn in Englisch, kümmert sich um Einwanderungsvisum, Verträge, Versicherungen, verbringt mit ihm romantische Abende am Kamin, bekocht seine Freunde und steht abends mit den Pantoffeln bereit, wenn er vom Filmset nach Hause kommt. Remarque findet, dass sie übertreibt: »Aus Brokat macht man keine Küchenschürzen«, schreibt er ihr.

Schließlich bekommt Gabin eine Rolle im Film *Moontide* mit Regisseur Fritz Lang, einem alten Geliebten

Marlenes aus Berliner Zeiten. Jean erfährt davon, es kommt zu einer Eifersuchtsszene, Marlene leugnet standhaft. Tochter Maria Riva erinnert sich: »So verfuhr die Dietrich ihr ganzes Leben lang mit ihren Liebhabern: Sie tilgte sie aus ihrem Gedächtnis, als hätten sie nie existiert.« Auch Marlenes ausschweifendes Liebesleben kommentiert sie: »Gelegentlich war es peinlich, wie schnell ihre Bettgenossen wechselten.« Jedoch habe nicht sexuelle Lust sie motiviert, sondern Romantik und »lyrische Leidenschaft. Den dazugehörigen Sex akzeptierte sie als die unvermeidliche Bürde, die jede Frau zu tragen hatte. Sie bevorzugte Fellatio, damit hatte sie die Situation im Griff.« Unverblümt schwärmte Marlene vor der Tochter von impotenten Männern. Um nicht schwanger zu werden, schwor sie auf eine spezielle »Frauendusche danach« und Diaphragmas.

Die häusliche Idylle Dietrich-Gabin endet mit Eintritt der USA in den Krieg im Dezember 1941. Marlene beteiligt sich mit anderen Stars wie Clark Gable, Gary Cooper, Cary Grant und Bette Davis an der Gründung des Hollywood Victory Committee: Prominente Künstler treten in Militärlagern auf und werben für den Kauf von Kriegsanleihen. Die Dietrich nimmt diese Aufgabe sehr ernst und widmet sich bis 1944 vorrangig der Akquisition dieser sogenannten War Bonds. Sie backt Käsekuchen für GIs und hilft beim Putzen. Weil sie dringend Geld für ihre Familie braucht, nimmt sie einen Auftrag für Seifenwerbung an. Auch lässt sie sich von Orson Welles überreden, in seiner Charity-Zirkusshow als zersägte Dame aufzutreten, was zu großem Hallo führt.

Jean Gabin will seinen Teil zur Befreiung Frankreichs leisten und meldet sich bei der FNFL, den freifranzösischen Marinestreitkräften. Im Januar 1944 schifft er sich in Norfolk im US-Staat Virginia auf der *Elorn* ein, die Tanker nach Algier überführt, ein lebensgefährliches Unterfangen. Marlene begleitet ihn zum Kai. Von unterwegs schickt er unentwegt Telegramme und Liebesbriefe. Im April 1944 startet in New York Marlene in ihren eigenen Kriegseinsatz in Übersee; sie trägt eine maßgeschneiderte Uniform und hat ihr Gepäck auf 27 Kilo reduziert, eine mühevolle Leistung. In den 1930er-Jahren waren 40 Schrankkoffer Reisegepäck keine Seltenheit gewesen, wenn Marlene auf der *Bremen*, der *Normandie* oder der *Queen Mary* zwischen Cherbourg und New York pendelte. Jetzt transportiert sie vor allem Paillettenkleider, High Heels, »kriegswichtige« Nylonstrümpfe, Nagellack. Marlene ist ganz in ihrem Element, sie flirtet, tanzt mit den Jungs, malt ihnen Autogramme auf die Brust, gibt ihnen patriotische Küsse. Mit einigen Zwischenstopps landet die Entertainer-Crew in Algier – ein wunderbarer Zufall, denn dort bildet Gabin inzwischen Rekruten zu Marinefüsilieren aus. Das Liebespaar verbringt glückliche Tage unter Palmen, bis Marlenes Unterhaltungsflieger an die Front weiterzieht. Es folgen Einsätze in Tunesien, Italien, Labrador, Grönland, Island und im amerikanischen Rundfunksender London.

Schließlich geht es ins mittlerweile befreite Paris, wo Marlene im *Hôtel Ritz* endlich Gabins Briefe erreichen, was sie nicht an einem kleinen Intermezzo mit General Patton hindert, amüsiert beobachtet von ihrem alten platonischen Freund *Papa* Hemingway. Patton offeriert ihr einen Damenrevolver für den Notfall, den sie 1945 im Gepäck auf die Deutschland-Tournee mitnimmt. Gabin ist enttäuscht, fast nie bekommt er Post von seiner geliebten *Grande*. Da ergibt sich die Gelegenheit zu einem Treffen in Tutzing am Starnberger See, weil Gabin in der Nähe General de Gaulle als Panzerkommandant begleitet. Den Sommer 1945 verbringt das Paar an der Seine, man wohnt im *Hôtel Claridge*. Gabin versucht vergeblich, an seine früheren Erfolge anzuknüpfen. Im Herbst lässt Marlene voller Optimismus ihre Garderobe aus Amerika holen, beiderseits ist von Heirat die Rede. Marlene glaubt noch an ein gemeinsames Kind mit Jean, aber sie ist Mitte vierzig (was er nicht weiß), die Chancen sinken. Außerdem knistert es im Liebesgebälk: »Wir streiten uns jeden Abend«, berichtet sie Rudi. Ein Streitpunkt ist ihre Privatsphäre: Sie braucht ein eigenes Zimmer mit Bad neben seinem; das befremdet Gabin derartig, dass er in seine winzige Pariser *Garçonnière* verschwindet. Bis er sich beruhigt, fliegt Marlene nach Berlin, wo ›Jimmy‹ auf sie wartet, der junge fesche General James Maurice Gavin, der ihr ein Visum für die russische Besatzungszone besorgt. In Thüringen kümmert sie sich um Rudis Eltern und im zerstörten, kalten Berlin um ihre hungernde Mutter. Nebenbei tritt sie vor amerikanischen und russischen Soldaten auf und verfolgt auf dem Gästerang die Nürnberger Prozesse.

Nach der Reise überschüttet General Gavin Marlene mit Anrufen und Briefen, inzwischen wohnt sie im Pariser *Elysée Park Hotel*. Gabin weiß, dass Marlene in einen anderen verliebt ist. Auch er nimmt sich eine neue Bettgenossin, eine Schauspielerin, und versucht zugleich, Marlene für ein gemeinsames Filmprojekt zurückzugewinnen. Kurz vor Weihnachten versöhnen sie sich, der Frieden hält aber nur ein paar Stunden, dann setzt es gegenseitig Ohrfeigen. Das neue Jahr 1946 beginnt schleppend, Marlene versetzt Pelze, um die Hotelrechnung zu begleichen, sie ist einsam, »lonely Sunday« erfährt Rudi in New York. Jean schenkt ihr zwei Cézanne-Gemälde, »er ist ein wirklich reicher Mann«. Im Mai beginnen im Tal der Marne die Dreharbeiten für *Martin Roumagnac*, den einzigen gemeinsamen Film des Schauspielerpaars. Der Streifen floppt. Im Sommer reist Marlene nach Hollywood für einen drittklassigen Film. Jean schreibt ihr: »Mir bleibt nur ein unendliches Gefühl der Traurigkeit.« Marlene lenkt sich ab, versucht vergeblich, die Beziehung zu Remarque zu reaktivieren. Gabin in einem Anfall von Klarsicht: »Du liebst Deine Unabhängigkeit … ich will Dich niemals mehr wiedersehen noch wiedertreffen.« Das Ende? Noch nicht.

1947 dreht Marlene mit Billy Wilder *Eine auswärtige Affäre*, in New York erhält sie die für Zivilisten höchstmögliche militärische Auszeichnung *Medal of Freedom*. Jean gratuliert »my angel« telegrafisch herzerwärmend. Ende des Jahres fleht er sie verzweifelt an, ebenfalls telegrafisch: »Engel, bitte sei ein Gentleman, kable Ja oder Nein. Noch immer Liebe und Herz.« Die Angebetete schweigt. Beider Lebensentwürfe sind kaum vereinbar, die mondäne Marlene sieht ihre berufliche Zukunft in Hollywood, der wortkarge Jean kann nur in Frankreich leben, ihr Kommen und Gehen zermürbt ihn vollends. Schließlich stellt er ihr ein Ultimatum – das sie ausschlägt. Für ihn war es das, er kann nicht mehr. Sie glaubt ihm nicht, bombardiert ihn mit Telegrammen, doch es bleibt bei der Funkstille von seiner Seite.

Im März 1949 führt Jean Gabin das Model Dominique Fournier, ein jüngeres Ebenbild der Dietrich, zum Standesamt, im November kommt das erste von drei

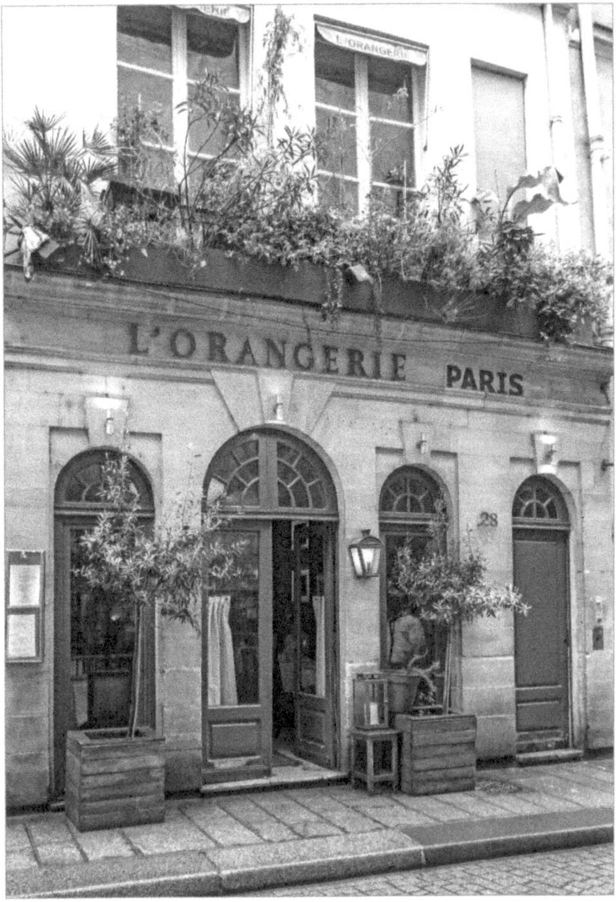

Im Restaurant »L'Orangerie« auf der Île Saint-Louis trafen sich Marlene Dietrich und Romy Schneider gelegentlich.

Kindern zur Welt. Marlene flieht schockiert nach London, dort dreht sie mit Alfred Hitchcock. 1950 korrespondiert sie mit Hemingway über Treue; sie meint, sie halte allen Geliebten die Treue – in ihrem Herzen. »Hätte man mehr als einen Körper, könnte man das alles gut lösen.« Jean Gabin wird ein fürsorglicher Ehemann und Vater. Er verwirklicht seinen Traum eines einfachen, ländlichen Lebens ohne mondänes Getue. Als zweites Standbein neben der Schauspielerei gründet er in der Normandie das Landgut *Pichonnière*, wo er im großen Stil Rinder und Trabrennpferde züchtet. Wenn er in Paris zu tun hat, übernachtet er im schlichten *Hôtel Pergolèse*. Erst 1954 erlebt er mit dem Film *Wenn es Nacht wird in Paris* ein überwältigendes Comeback. Treffen die Ex-Liebenden zufällig einmal in Paris aufeinander, verhält er sich schroff und unhöflich, eine Haltung, die Beobachter als grausam empfinden.

Marlene kommt nicht über den Verlust hinweg, nun leidet sie. Noch 1954 hockt sie stunden-, ja tagelang in einem Café gegenüber von Gabins Stadtwohnung, hoffend, ihn kurz zu sehen. Sie tourt so lange durch Europa und die Welt, bis diverse Unfälle, teils auf offener Bühne, sie daran hindern. In Paris verbringt sie ihren Lebensabend, trauert. »Ich liebte Paris schon, bevor ich Jean kannte, aber seitdem kann ich mir nie wieder Paris vorstellen, ohne sein Gesicht zu sehen.« Gelegentlich verabredet sie sich mit Remarque bei *Fouquet's* zum Essen. Sie zieht in die Beletage des Hauses *Avenue Montaigne 25* mit Blick auf die Fenster des *Hôtel Plaza Athenée*, an das sich für sie viele schöne Erinnerungen knüpfen. Sie freundet sich mit Romy Schneider an, trifft diese hin und wieder in deren Stammrestaurant *L'Orangerie* auf der Île

Saint-Louis. Die beiden Schauspielerinnen, die nie nach Deutschland zurückkehren, verbindet so manche biografische Übereinstimmung, ebenso die Abhängigkeit von Alkohol und Tabletten.

1970 stirbt Remarque in Locarno, 1976 Rudi Sieber in Kalifornien, im selben Jahr Jean Gabin in Neuilly-sur-Seine. Seine Asche verstreuen Marineoffiziere auf hoher See. Marlene fühlt sich als »zweifache Witwe«. Von den gigantischen Einnahmen in ihrer Glanzzeit ist nichts übrig, sie muss in eine kleinere Wohnung umziehen. Tochter Maria und einige Getreue kümmern sich um sie, selten dankt sie es ihnen. Ihr Lebenselixier waren die Erfolge, die Bewunderung, die Liebesschwüre, die vorübergehend halfen, ihre innere Einsamkeit zu überdecken. Nun entwickelt sie sich zur tyrannischen Alten, die ihre Wohnung zumüllt, sich Alkoholexzessen hingibt und mit 91 Jahren im Chaos stirbt. Die Trauerfeier findet in der *Kirche La Madeleine* statt, Marlenes Grab liegt auf dem Berliner Friedhof Schöneberg III.

Epilog. Einmal noch trat Jean Gabin nach der Trennung aktiv in Marlenes Leben: Eines Tages erhält sie Besuch von einem Notar namens Moncorgé, einem Cousin des Schauspielers. Er bringt ihr eine Schachtel mit allen Geschenken, die sie Jean während ihrer Lovestory verehrt hatte – Feuerzeuge, ein goldenes Armband mit Marlene-Gravur und manches mehr. Diese stumme Geste ihres Geliebten schneidet Marlene tief in die Seele. Der *Bauer* sollte neben Rudi und Remarque ihre größte Liebe bleiben.

Pariser Schauplätze

Brasserie Fouquet's, 99, Avenue des Champs-Élysées, Métro Kléber • Hôtel Lancaster (Marlene-Dietrich-Suite 45), 7, Rue de Berri, Métro George V • Hôtel Claridge, 24, Rue Marbeuf, Métro Franklin D. Roosevelt • Hôtel Plaza Athenée, 25, Avenue Montaigne, Métro Alma-Marceau • Hôtel Ritz, Place Vendôme, Métro Concorde • Hôtel Pergolèse, 3, Rue Pergolèse, Métro Argentine • 12, Avenue Montaigne, Métro Alma-Marceau • L'Orangerie, 28, Rue Saint-Louis-en-l'Île, Métro Sully-Morland • Kirche La Madeleine, Place de La Madeleine, Métro Opéra

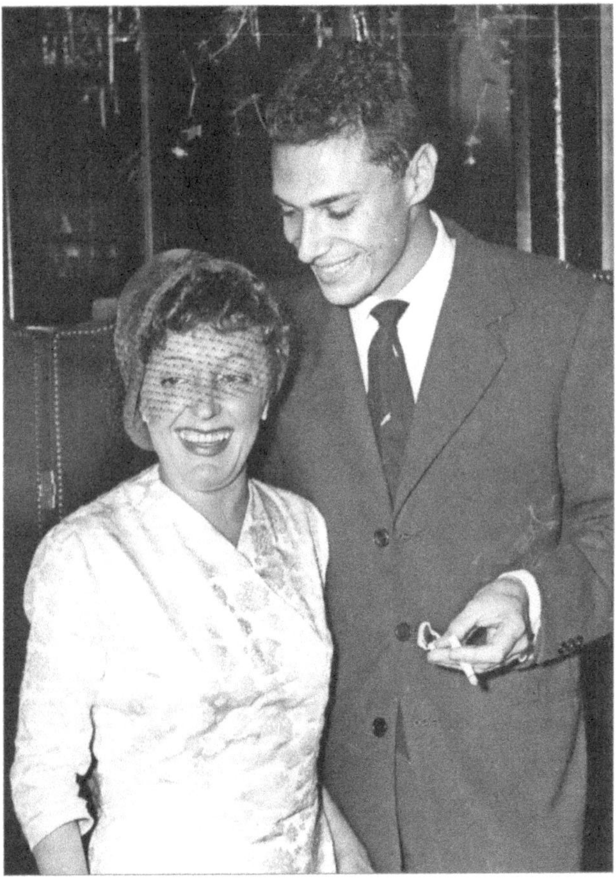

»... sie wirkt glücklich dabei.«
Edith Piaf (1915–1963) und Georges Moustaki (1934–2013) im Jahr 1958 in Paris

Milord und der Spatz von Paris
Edith Piaf und Georges Moustaki

Ich bin nur ein Mädchen vom Hafen,
ein Schatten der Straße.
Aus dem Chanson »Milord«

Ein Tag ohne Mann, genauer gesagt ohne einen Liebhaber, war für Edith Giovanna Gassion wie ein Tag ohne Sonnenschein. Sie war verliebt in die Liebe selbst, suchte lebenslang nach wahrem Glück und erlebte doch nur rasch verebbende Leidenschaften, diese allerdings reichlich und dramatisch. Bereits als 15-jährige Straßensängerin teilte sie häufig ihr Bett in heruntergekommenen Hotels mit flüchtigen Bekanntschaften. Sie kannte es nicht anders vom Bohèmeleben ihres Vaters Louis Gassion, mit dem sie als Kind von Stadt zu Stadt, von Trottoir zu Trottoir gezogen war und das Geld eingesammelt hatte, das seine harmlosen Zirkuskunststücke einbrachten.

Edith Piaf wuchs im Pariser Osten auf, in den Straßen des Armenviertels Belleville, heute ein Quartier mit Einwanderern und Flüchtlingen aus dem Maghreb, dem subsaharischen Afrika und China. Hier schmetterte Edith ihre Gassenhauer. Hier entdeckte sie der Kabarettbesitzer Louis Leplée, der ihr den Spitznamen *la môme Piaf* (wörtlich: »die Göre Spatz«) verpasste und sie zum Profi ausbildete. Piaf wurde so der Künstlername der mageren,

1,47 Meter kleinen Frau, die, immer sehr aufrecht in ihrem schwarzen Kleid, aus dunkler Bühnentiefe in den Lichtkegel trat, um sich in schmerzvoller Mimik, mit bebenden Lippen, die Hände ringend, ihre Seele aus dem Leib zu schreien. Ediths Mutter Annetta Maillard hatte sie notfallhaft im Hauseingang *72, Rue de Belleville* geboren, während der Erzeuger, der Hilfe holen sollte, auf dem Weg dorthin in diversen Kneipen versackte. Ganz in der Nähe befindet sich heute das private *Musée Edith Piaf* in einem Appartement, das *la môme* in den 1930er-Jahren eine Zeit lang bewohnt hat. »Er ist schön, jung, talentiert. Er wird sich als Katastrophe herausstellen, die alle weiteren nachziehen wird.« So erinnert sich Ediths lebenslange Vertraute Simone Berteaut, genannt ›Momone‹, in ihrer Biografie an Ediths neue Affäre. Die Rede ist von dem 24-jährigen Chansonsänger Georges Moustaki, den sie 1958 unter ihre Fittiche nahm und für ein knappes Jahr als ständigen Begleiter, Songtexter und Komponisten um sich hatte. Zu diesem Zeitpunkt hatte die 43-Jährige den Gipfel ihres Ruhms längst erreicht, war in den bedeutendsten Music Halls von Europa und in der New Yorker Carnegie Hall aufgetreten. Ihre Hits elektrisierten die Fans – *La vie en rose, Padam, padam, Mon légionnaire, L'accordéoniste, La foule* … Edith war 1958 eine reife Frau, die schwer verletzt mehrere Autounfälle überlebt hatte, in der Folge morphiumsüchtig geworden, aber noch nicht vom Krebs gezeichnet. Sie hatte allerhand spektakuläre Affären mit Prominenten und jungen Künstlern hinter sich, von denen manche nicht zuletzt durch ihre Protektion erfolgreich wurden. Verbürgt sind die Schauspieler John Garfield, Eddie Constantine und Yves Montand, Radrennfahrer Louis Gérardin,

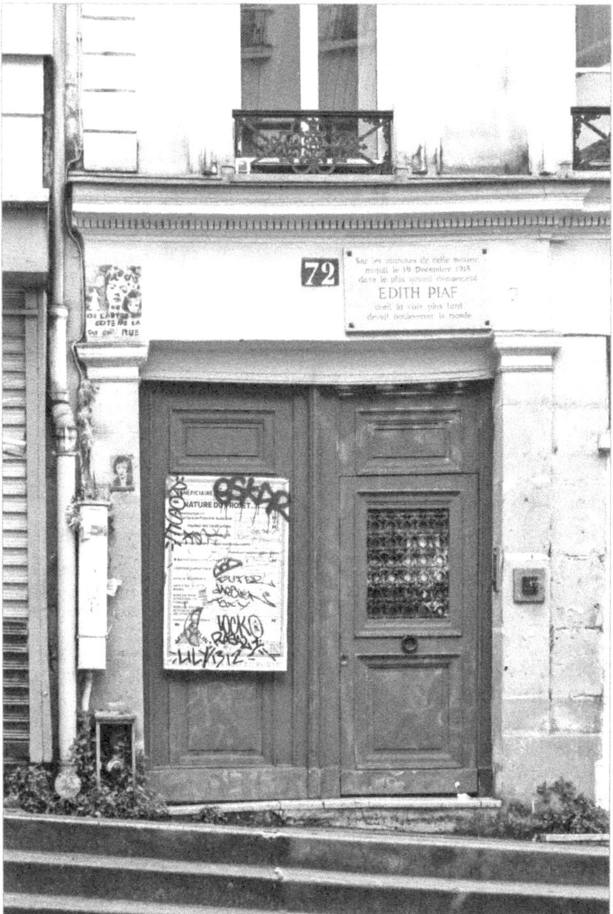

Auf den Stufen dieses Hauseingangs im einstigen Armenviertel Belleville wurde die berühmte Chansonsängerin Edith Piaf geboren.

Boxweltmeister Marcel Cerdan, Schauspieler und Sänger René Ducos alias Jacques Pills, mit dem sie vier Jahre verheiratet war (Marlene Dietrich war Trauzeugin). Auch die Sänger Gilbert Bécaud und Charles Aznavour und schließlich der zwanzig Jahre jüngere Friseurgehilfe und Sänger Théo Sarapo, den sie ein Jahr vor ihrem Tod heiratete, zählten zeitweise zur Familie Piaf.

Mit Aznavour verband Edith eine innige geschwisterliche Zuneigung, abgesehen davon, dass sie den jungen Songschreiber und Chauffeur bezahlte. Gerade die jungen Männer unter ihren Begleitern profitierten von Ediths Großzügigkeit und Verschwendungsfreude. Sie verdiente mit ihren Schallplatten und internationalen Konzerttourneen sehr viel Geld, das ihr immerzu durch die Finger rann: einerseits, weil zahlreiche Menschen ihrer Entourage die Hände aufhielten, andererseits aus Leichtsinn. Woher sollte die über Nacht ins Licht des Showbusiness emporgeworfene »Göre« wissen, dass Geld nicht unbedingt noch am selben Tag ausgegeben werden sollte, an dem es verdient worden war? Tochter einer Cafésängerin und eines Zirkusakrobaten, in der Obhut der einen Großmutter beinahe verhungert, im Bordell der anderen von acht ›Müttern‹ verhätschelt, mit 15 Jahren auf sich selbst gestellt, mit 18 Jahren schwanger (das Kind starb knapp zweijährig an Meningitis).

Piafs ausschweifendes Leben als Künstlerin, ihre Alkoholexzesse und ihre vielen Amouren wurden hinreichend beschrieben, auch verfilmt. Ihre elfmonatige Affäre mit Georges ›Jo‹ Moustaki, den sie als Gitarristen und Liedtexter engagierte und als *neuen Monsieur Piaf* und *Patron* dem Clan in ihrem schicken Domizil am *Boulevard Lannes* nahe dem Bois de Boulogne vorstellte, findet selten

Erwähnung. Sie, die Diva des französischen Chansons, erhält von ihm mit der *Milord*-Dichtung einen ihrer größten Hits. Er wiederum verdankt dem Titel seinen internationalen Durchbruch als Songwriter für Barbara, Juliette Gréco und Yves Montand, und mit *Milord*-Coverversionen auch für Dalida, Milva, Lale Andersen.

»Die Nächte hinterließen Spuren, und nicht nur aus Liebe«, berichtet Momone, »auf dieser Tournee musste sie sich mehr als einmal eine ordentliche Portion Schminke ins Gesicht schmeißen – aber sie wirkt glücklich dabei.« Moustaki war zu dieser Zeit ein adretter junger Mann in Anzug und Krawatte, glatt rasiert und mit Kurzhaarfrisur, ein ehrgeiziger und gebildeter Einwanderer aus dem Bürgertum von Alexandria, der auf eine glückliche Kindheit in einem kulturell und religiös vielfältigen orientalischen Melting Pot zurückblickte. Sein Vater war ein erfolgreicher jüdisch-griechischer Buchhändler, seine Mutter eine temperamentvolle mediterrane *Mamma*. Dies berichtet Georges, der ursprünglich Giuseppe und im arabischen Umfeld Yussef hieß, in einem autobiografischen Text. Der Junge wuchs fünfsprachig auf: Zuhause wurde Italienisch und Griechisch gesprochen, auf der Straße Arabisch, mit den britischen Soldaten Englisch, und im Lycée français lernte er gepflegtes Französisch. Im Radio hörte er Chansons von Charles Trenet und Tino Rossi, Edith Piaf erlebte er auf der Bühne und spielte zuhause ihr Repertoire auf dem Klavier nach.

Mit 17 Jahren verlässt Giuseppe sein »alexandrinisches Paradies« und macht sich auf den Weg in »die existenzialistische Bohème« nach Paris. »Das Quartier Latin war das Vaterland meiner Generation. Junge Leute aus der ganzen Welt belagerten das Dreieck Montparnasse-

Saint-Germain-Saint-Michel.« Nach einigen kleinen Jobs, mit denen er seinen Unterhalt verdient, ermutigt ihn der Bänkelsänger Georges Brassens zu einer musikalischen Karriere, aus Giuseppe Mustacchi wird Georges ›Jo‹ Moustaki. Der talentierte Chanteur fällt vor allem wegen seiner tiefschürfenden poetischen Liedtexte auf. Anfangs verfügt er noch nicht über die weiche, einschmeichelnde Stimme des Melancholikers, der sich auch äußerlich mit dichtem Bart und zerzaustem Haarschopf als gesellschaftliche Randfigur, als Edel-*Métèque* (›Kanake‹), inszeniert und stilisiert. Seine erfolgreichsten Hits *Ma Solitude*, *Métèque*, *Il est trop tard* und *Ma liberté* errangen erst Ende der Sechzigerjahre während der Flower-Power-Zeit ordentliche Plätze in den französischen Charts. Moustaki war kein Superstar, wurde aber von vielen Fans, die mit ihm alterten, lebenslang verehrt, gerade auch in Deutschland, wo er zahlreiche Konzertauftritte hatte. Moustaki verkörperte einen sanften, anarchistischen Barden, der träumerischen Blickes Lieder von Freiheit, Liebe, Frieden und Einsamkeit sang. Er hinterließ dem musikalischen Kulturerbe Frankreichs 300 Chansons.

Während der junge Moustaki zweifelsohne die ältere und arrivierte Sängerin bewunderte und respektierte – jedenfalls bevor er ihren wechselnden Launen ausgesetzt war –, zeichneten Ediths romantische Träume einer perfekten Liebesbeziehung einen »richtigen« Mann, zu dem sie aufblicken konnte. »Das, was mir immer gefehlt hat, war die Fähigkeit, den Mann, den ich gerade liebte, wirklich bewundern zu können«, schrieb Edith dem Dichter Jacques Bourgeat, mit dem sie dreißig Jahre lang korrespondierte. Bourgeat und der schwule surrealistische Dichter, Maler und Filmregisseur Jean Cocteau begleiteten Edith Piaf als beste Freunde durchs Leben. Cocteau widmete ihr eine hymnische Hommage und huldigt darin unter anderem ihren »Händen, die der Eidechse in den Ruinen gleichen«.

»Als meine Idylle mit Edith Piaf die kleine Welt des Showgeschäfts erschütterte, entkam ich dem Ruf, ein Gigolo zu sein, … nur dank einiger Chansons, die ich für sie geschrieben hatte. Darunter Milord.« So formuliert es Moustaki im Rückblick. Moustakis »Idylle« mit Edith Piaf nimmt ihren Anfang, nachdem der Gitarrist Henri Crolla, ein enger Freund des populären Dichters Jacques Prévert, sie einander vorgestellt hat. Moustakis noch schüchterne Stimme taucht erstmals während einer gemeinsamen Studioaufnahme im November 1958 auf einem Tonträger auf, ein eindrucksvolles historisches Hördokument. Während dieses Arbeitstreffens singen beide abwechselnd, und die erfahrene Sängerin erteilt dem jungen Adepten Ratschläge, die er zu befolgen versucht. Sie ermahnt ihn, mehr Emotion, mehr Timbre in seine Stimme zu legen und *se donner plus*, sich mehr hinzugeben – so, wie sich Piaf selbst einschränkungslos hingab. Zugleich spart sie nicht an Lob für Jo: Er bringe als literarisch talentierter Songschreiber und als Komponist ein neues Element in das Genre des französischen Chansons ein. Noch im selben Jahr erscheint die Single *Edith Piaf chante Jo Moustaki*, drei Lieder, deren Text und Musik er gedichtet und komponiert hatte. Moustaki tritt erstmals im Fernsehen auf, und ein Jahr später darf er, begleitet vom berühmten Golden Gate Quartet, im TV-Weihnachtsprogramm singen – er ist im französischen Showbusiness angekommen. 1959 schreibt Jo für Edith den Text zu einem zukünftigen Klassiker des französischen Chansons *Non, je ne regrette rien*; Marguerite Monnot liefert die Komposition. Den Ruhm dieses Titels erlebt das Paar bereits auf getrennten Wegen, das Chanson sollte als Ediths bedeutendstes Vermächtnis in die internationale Hitgeschichte eingehen.

Abgesehen von der fruchtbaren Arbeitsbeziehung zwischen Edith und Jo, der für sie neun Titel textete oder komponierte, erlebten sie eine leidenschaftliche Affäre. Momone lässt in ihrer Biografie kein gutes Haar an Jo, sie zieht geradezu über ihn her. Er habe Edith in ihren schwersten Stunden in einem amerikanischen Krankenhaus verlassen, um sich in Florida mit anderen Frauen zu vergnügen; nichts sei ihm schön genug gewesen, das geschenkte Platinfeuerzeug, »immerhin eine Bagatelle von 4000 Francs«, hätte aus Gold sein sollen, etc. Edith selbst nennt ihn einen »Misthaufen«. Für den Maler Douglas Davis, Jos amerikanischen Nachfolger an Piafs Seite, bringt Momone mehr Verständnis auf als für Jo. Realistisch analysiert sie Ediths Liebesphilosophie, mit der Douglas nicht klarkommt. Zum Befremden seiner neuen Geliebten verabschiedet er sich morgens gut gelaunt, den Farbkasten in der Hand, um Paris künstlerisch zu erobern – ein No-Go. Douglas »wusste nicht, dass man als Liebhaber einer ›Miss Piaf‹ eine Leine an der Pfote trägt. Dieser brave Boy, erfüllt von guten amerikanischen Prinzipien, Respekt für Frauen, Freiheit, war zwar unfähig, ihr zu widerstehen, konnte aber auch nicht verstehen, dass ein glücklich von ihr Auserwählter nichts anderes als ihre Person im Sinn zu haben hatte.« Diesem Dilemma waren wohl die meisten ihrer Partner unterworfen.

Die Beziehung mit Moustaki fiel in die Zeit von Piafs ersten Zusammenbrüchen und für sie gesundheitlich folgenreichen Autounfällen. Im Mai 1958 begleitete Jo Edith zu einem vierwöchigen Gastspiel in Stockholm. Gegen Ende der Tournee brach sie mit hohem Fieber auf offener Bühne vor ausverkauftem Haus zusammen. Ihr Manager charterte eine DC-4 nach Paris, ein viermotoriges Militärflugzeug, das nach dem Krieg im Zivilverkehr eingesetzt wurde und bis zu 80 Passagiere transportieren konnte, keine billige Sache also. Die Rechnung ruinierte die Sängerin fast. Entgegen der ärztlichen Empfehlung unterzog sie sich keiner Gallenblasenoperation, sondern verließ das amerikanische Krankenhaus in Paris bereits nach 48 Stunden auf eigenes Risiko. Den Frühsommer verbrachte sie, mehr mit ihren Freunden feiernd als ruhend, in Condé-de-Vesgres 55 Kilometer westlich von Paris. Anschließend ging sie zusammen mit Moustaki wieder auf Tour und mutete sich anstrengende Plattenaufnahmen im Studio zu. In einem Restaurant in Cannes provozierte Edith ihren jungen Freund zu einem Brainstorming für einen neuen Song, aus dem sich der Hit *Milord* mit der Komposition von Marguerite Monnot entwickelte, der Edith von 1960 bis zu ihrem Tod über die Bühnen der Welt trug. Der deutsche Musikwissenschaftler und Piaf-Biograf Jens Rosteck verankerte den »tollkühnen Charleston-Rhythmus« des Chansons und die Story vom einsamen Straßenmädchen »in der Nähe von Weills Dreigroschen-Milieu«.

Trotz ihrer Verliebtheit gestaltete sich das Zusammenleben der beiden Künstler diametral gegensätzlich zu ihrer fruchtbaren Arbeitsbeziehung. Ediths kompromissloses, geradezu tyrannisches Wesen, ihre nächtlichen Gelage und Alkoholexzesse, ihr Doping vor Auftritten, auch ihre falschen Freunde ekelten Jo und entfremdeten ihn zunehmend von ihr. Es war »ein Universum, das einen entweder mitriss oder erniedrigte« (Jens Rosteck). Das Katastrophenjahr 1958 hielt weitere schlimme Überraschungen bereit: Im September raste Piafs legendäre Luxus- und Staatskarosse Citroën DS 19 mit Moustaki am Steuer, ihr als Beifahrerin und zwei weiteren Personen im Fond auf regennasser Fahrbahn in einen Lastwagen. Edith war an den Lippen und Händen so schwer verletzt, dass sie ihre USA-Tournee aufschieben musste – »sonst würden mich die Amerikaner als Miss Frankenstein titulieren«. Es war nicht ihr erster Unfall und sollte nicht ihr letzter gewesen sein (ein früherer passierte mit Aznavour, ein späterer mit Douglas Davis am Steuer). In einer seltsamen Wendung des Schicksals platzte an Ediths Entlassungstag aus dem Krankenhaus an dem Wagen, in dem Moustaki sie nach Hause kutschierte, ein Reifen, und es ereignete sich ein erneuter Unfall an beinahe derselben Stelle wie einen Monat zuvor. Glücklicherweise verursachte er nur ein paar Schürfwunden und Kratzer. Die abergläubische Sängerin vermutete ein negatives Karma ihres Landhauses und weigerte sich, dorthin zurückzukehren. Zugleich maß sie dem Namen der Unfallkreuzung – *À la grâce de Dieu*, Zur Gnade Gottes – eine hohe Bedeutung zu. Sie dankte ihrem Schutzengel, der heiligen Thérèse de Lisieux, mit Blumen und Kerzen in diversen Kirchen.

Während der USA-Tournee Anfang 1959 verkrachte sich das Liebespaar Piaf-Moustaki endgültig – jedenfalls verstand Jo ihren heftigen Streit als Trennung, während Piaf seine Abreise nach Florida nicht ernst nahm. Zwar übernahm Douglas sogleich die vakante Position als Mann an ihrer Seite, aber Piaf verübelte Moustaki, dass *er* sie verlassen hatte, nicht sie ihn. Im Februar spuckte sie während eines Konzerts Blut und wurde ohnmächtig – Magengeschwür. Drei Operationen und viele Wochen Klinikaufenthalt folgten. Moustaki war zwar nach Manhattan an ihr Krankenbett geeilt, zur Versöhnung kam es aber nicht. Er erlebte seine einstige Mentorin hasserfüllt und rachsüchtig, bezeichnete sie im Rückblick als »sehr gewalttätig« mit einer Neigung zu »apokalyptischen Szenen«. Auf der Sommertournee 1960 sang Piaf mit Ausnahme von *Milord* keinen der Moustaki-Songs. Sie starb am 10. August 1963 in einer Villa in einem provenzalischen Dorf bei Grasse. Das ging natürlich gar nicht! Der Pariser Weltstar Piaf *musste* in Paris sterben, der Wiege ihres Mythos, das sah sogar der Arzt ein, der den Totenschein für die eilig in einem Krankenwagen in die Hauptstadt transportierte Leiche auf einen Tag später datierte (an dem auch Cocteau starb). Den Leichenzug vom Boulevard Lannes zum *Friedhof Père Lachaise* säumten Hunderttausende Pariser, die ihrem Straßenkind huldigten. Der Verkehr brach zusammen, auf dem Friedhof drängten sich 40 000 Menschen, zertrampelten Nachbargräber, Wege, Gedenksteine.

Edith Piafs Ruhm blieb auch nach ihrem Tod ungebrochen. Georges Moustaki widmete ihr 1981 auf seiner Schallplatte *Le voyageur* und in vielen Konzerten ein rührendes Abschiedslied. *Si elle entendait ça* (*Wenn sie das hörte*) ist ein zartes Chanson im langsamen Walzertakt, das in die feurigen Charleston-Klänge von *Milord* übergeht – und abrupt abbricht. Gänsehaut. In Paris fand Moustaki auf der *Île Saint-Louis* eine neue *petite patrie*, eine kleine Heimat. Ab 1961 hauste er dort zehn Jahre in einem Ein-Zimmer-Appartement in der *Rue des deux Ponts*, bevor er sich in der *Rue Saint-Louis-en-Île* eine größere

Wohnung leisten konnte. Ein halbes Jahrhundert hielt er der Insel die Treue, anders als den Frauen. Viele Liaisons folgten der Beziehung mit Edith Piaf, darunter Affären mit Schauspielerin Jeanne Moreau, Sängerin Catherine Le Forestier, Journalistin Sophie Delassein. Jahre vor seiner Rolle als »Monsieur Piaf« war aus seiner einzigen Ehe, jener mit der bretonischen Dichterin Annick Cozannec, Künstlername Yanick Varrech, 1954 Tochter Pia hervorgegangen. Sie erinnert sich in ihrer Autobiografie *Fille de Métèque* daran, dass ihr Vater sie manchmal mit zu Piaf nahm, die ihr hübsche Kleidchen und ihre erste Kindergitarre schenkte. Angeblich soll die Chanteuse lebenslang ein Foto des Kindes im Portemonnaie dabeigehabt und auch die Briefe des Vaters aufbewahrt haben.

Die Stadt Paris widmete beiden Stars einen Ort im Stadtbild: Die *Place Edith Piaf* mit einer Skulptur der Sängerin und die *Place Georges Moustaki.* Sie fanden unweit voneinander, wenn auch im Abstand von 50 Jahren, auf dem *Friedhof Père Lachaise* ihre letzte Ruhestätte.

Pariser Schauplätze

Musée Edith Piaf: 5, Rue Crespin du Gast, Métro Ménilmontant ◆ 72, Rue de Belleville, Métro Pyrénées (Tipp: Nähe Parc des Buttes Chaumont) ◆ Edith-Piaf-Skulptur, Place Edith Piaf, Métro Porte de Bagnolet ◆ 67, Boulevard Lannes, RER Avenue Henri-Martin ◆ Place Georges Moustaki, Métro Censier-Daubanton ◆ Rue des deux Ponts und Rue Saint-Louis-en-Île, Île Saint-Louis, Métro Pont Marie Cité des Arts ◆ Friedhof Père Lachaise, Eingang Porte de la Réunion, Division 97 und Division 95, Métro Alexandre Dumas

Mondlicht in alter Stadt
Hadley Richardson und Ernest Hemingway

Dort, unter uns, lag grau und schön wie immer die Stadt, die ich von allen Städten der Welt am meisten liebte.
Ernest Hemingway: »How we came to Paris«

Lausanne, 28. November 1922. Brief von Ernest Hemingway an seine Frau Hadley in Paris: »Ich war ganz verrückt darauf, dass Du kommst, und bin es immer noch ... Liebes süßes kleines Federkätzchen ... ich bin nur Dein kleines Wachspüppchen ...« Vier Jahre später, im November 1926, derselbe an dieselbe: »Du bist der gütigste und treueste, der liebenswerteste Mensch, den ich kenne.« Das klingt dankbar, ergeben, leidenschaftslos. Im Januar 1927 lässt sich Hadley nach fünfjähriger Ehe scheiden. Im Mai heiratet Ernest seine Geliebte, die elegante amerikanische *Vogue*-Modejournalistin Pauline Pfeiffer. Sie war zeitweilig eine enge Freundin von Hadley gewesen und dann für einige Monate an der Côte d'Azur Teil einer *ménage à trois*, in der sich die drei jungen Menschen vollkommen elend und unglücklich fühlten.

Als sich Ernest, ein kantiger, umschwärmter Naturbursche, und Hadley, eine hübsche Rothaarige, Typ burschikos-fürsorglich und klug, 1920 auf einer Party in Chicago begegneten, trennten sie zwar acht Jahre Lebenszeit, aber an Weltläufigkeit und Abenteuern

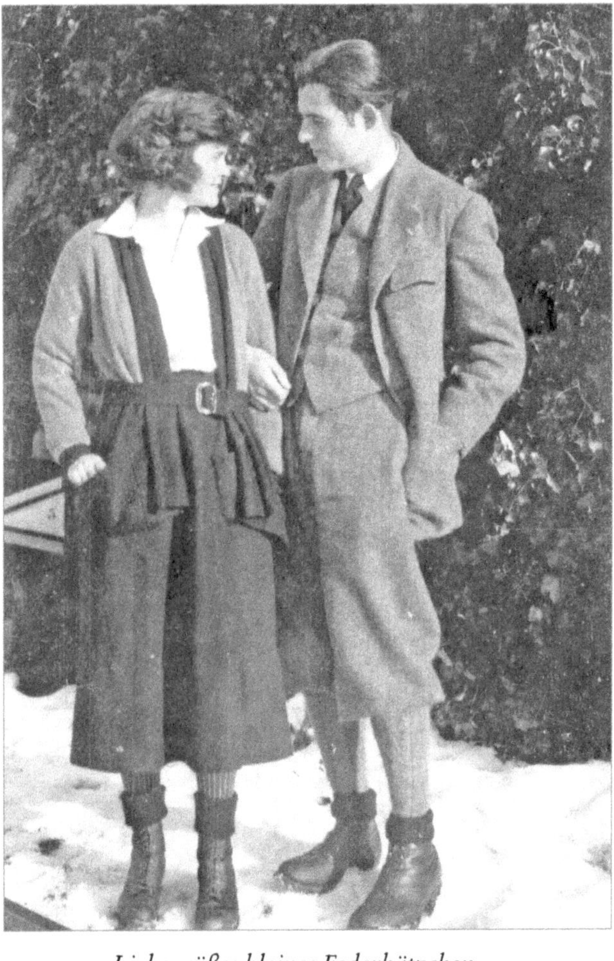

»Liebes süßes kleines Federkätzchen …«
Hadley Richardson (1891–1979) und Ernest Hemingway (1899–1962) im Winter 1924/25 in Schruns im Montafon

hatte der jüngere Kriegsveteran der älteren hochbegabten Pianistin einiges voraus. Hadley war in St. Louis im Bundesstaat Missouri als sechstes Kind eines zwar humorvollen, aber depressiven Apothekers und einer herrschsüchtigen Mutter aufgewachsen. Tragödien prägten das Familienleben: Zwei Säuglinge starben, eine ältere Schwester kam bei einem Brand ums Leben, Hadley selbst stürzte aus dem Kinderzimmerfenster und musste wegen der dabei entstandenen Rückenverletzung ein Jahr das Bett hüten. Ihr Vater James erschoss sich 1903, als sie zwölf Jahre alt war. In der Villa der Richardsons standen zwei Steinways, und obwohl Hadley das musikalische Talent ihrer Mutter Florence geerbt hatte, durfte sie nicht Konzertpianistin werden, sondern sollte »sich schonen«. Infolge all dessen waren Hadleys Selbstbewusstsein und Kampfgeist nicht sehr ausgeprägt, und sie hatte mit ihren 29 Jahren außer einem abgebrochenen Collegestudium und einer unerwiderten Liebe zu einem Klavierlehrer nicht viel erlebt. Erst nach dem Tod der Mutter hatte sich das trotz dieser Widrigkeiten lebensfrohe Mauerblümchen aufgerafft und war der Einladung einer Freundin gefolgt, ein paar Wochen in Chicago zu verbringen. Dort traf sie auf Ernest, damals Reporter des *Toronto Star*, der fest entschlossen war, ein berühmter Schriftsteller zu werden. Sie verstanden sich auf Anhieb.

Ernest war als zweites von ebenfalls sechs Kindern in der Provinzstadt Oak Park bei Chicago in einer streng religiösen Familie groß geworden. Seine Mutter Grace, eine gescheiterte Opernsängerin, dafür erfolgreiche Frauenrechtlerin, vergnügte sich damit, ihre beiden ersten Kinder Marcelline und Ernest als vermeintliche Zwillingsschwestern in puppenhafter Mädchenkleidung aufzuziehen. Ernest litt früh unter Ängsten und Alpträumen und wünschte sich glühend einen Bruder. Erst im Schulalter durfte er ein ›richtiger Junge‹ mit Kurzhaarfrisur sein; vielleicht erklärt das sein späteres prahlerisches Draufgängertum und seine Leidenschaft für ›männliche‹ Aktivitäten wie Boxkampf, Krieg und Stierkampf. Der Vater Dr. Clarence Hemingway, ein angesehener Arzt und Geburtshelfer, neigte zu extremen Gefühlsausbrüchen und Jähzorn. Er lehrte die Kinder schwimmen, fischen, jagen und in der Natur zu überleben, konnte sich aber unversehens vom liebevollen Daddy in einen prügelnden Schulmeister verwandeln. Nach drakonischen Strafen mussten die Kinder niederknien und Gott um Verzeihung für ihre Verfehlungen bitten. Auch Ernests Vater erschoss sich, wenn auch erst 1928. Der »dunkle Vogel der Nacht«, wie Ernest seine eigenen Seelenängste in einem Jugendgedicht nannte, sollte nie von seiner Seite weichen – auch er selbst sollte sich schließlich erschießen. Manch ein Biograf vermutet bei Vater und Sohn eine bipolare Störung, eine psychische Erkrankung mit Stimmungsextremen.

Anders als Hadley kann Ernest sich bereits als 18-Jähriger aus dem familiären Milieu lösen; er verzichtet zugunsten seiner Schwester Marcelline auf ein Studium, fängt als Jungreporter beim *Kansas City Star* an und meldet sich zum Militärdienst. Im letzten Kriegsjahr übernimmt er in Italien freiwillig Botendienste für das amerikanische Rote Kreuz zur Versorgung von Frontsoldaten und wird dabei durch eine Granate schwer verwundet, verliert beinahe ein Bein. Im Mailänder Lazarett erlebt er eine erste Liebesbeziehung mit einer Krankenschwester. Er kehrt zurück in die Staaten, flirtet mit diversen

Mädchen, wird 1920 Reporter beim *Toronto Star* und hält sich oft in Chicago auf. Dort stößt er auf Hadley, die ungebundene Fast-Dreißigerin in Aufbruchsstimmung, die ihn nicht nur sofort anhimmelt wie alle anderen weiblichen Wesen, sondern ihm Geliebte, Kumpel, Assistentin und Reisegenossin in einer Person sein möchte. Wie er will sie fremde Länder erobern. Und – in Zeiten strenger Prohibition keineswegs unwichtig für den aufmüpfigen Teil der amerikanischen Jugend – sie trinkt gern Schnaps und kann bei den täglichen Saufgelagen mithalten. Später entdeckt Ernest weitere Übereinstimmungen. Sie zeigt sich offen für Schabernack, hat Humor und Spaß an Sex, kann auf Komfort und teure Klamotten verzichten – zähneknirschend sogar auf ein Klavier. Und sie bleibt dauerhaft verliebt in ihn, ordnet eigene Wünsche seinen schriftstellerischen Zielen unter, trotz langer Karrieredurststrecken seinerseits. Ebenso erweist sie sich nicht nur als begeisterte Tennisspielerin, sondern als sensationell gute Skiläuferin. Kurz: Ein Mensch zum Pferdestehlen, dabei gutmütig und anschmiegsam, die ideale Ehefrau!

Zu Ernests 22. Geburtstag schenkt Hadley ihm eine Corona-Schreibmaschine. Sie informiert ihn darüber, dass sie aus einem Treuhandvermögen jährlich 3000 Dollar bezieht, die zusammen mit seinem erhofften Verdienst als Zeitungskorrespondent ein bescheidenes Leben in Europa finanzieren könnten. Im September 1921 heiratet das Paar in einer ländlichen Kirche im Norden von Michigan. Die Braut erscheint in Spitzenkleid und Schleier eine Viertelstunde zu spät, weil sie noch schwimmen gewesen ist und ihre langen, feuchten Haare frisieren musste. Im Dezember bricht das Paar erwartungsvoll nach Europa auf, allerdings nicht auf eine italienische Bildungsreise. Paris ist das neue Rom der amerikanischen Bohème.

Frankreich erlebte in den 1920er-Jahren infolge des Ersten Weltkriegs eine tiefe wirtschaftliche Krise. Etwa anderthalb Millionen Männer waren gefallen, mehr als eine Million Soldaten gingen als Invaliden in eine ungewisse Zukunft, ebenso viele Menschen hatten Haus, Hof und Vieh verloren, und die Industrieschäden waren immens. Der Bau neuer Wohnungen stagnierte und Bestandsimmobilien wurden wegen einer verlängerten Mietpreisbindung nicht modernisiert. Bis in die Mitte des 20. Jahrhunderts hinein gab es im Hexagon einen Sanierungsstau, Häuser ohne Elektrizität, Wohnungen ohne Bäder und eigene Klosetts. Pferdekutschen prägten immer noch den Straßenverkehr der Hauptstadt, Ochsen und Pferde die Landwirtschaft. Als ›golden‹ empfanden vor allem Amerikaner die Zwanzigerjahre in Paris: Sie tauschten einen Dollar anfangs gegen 12, später gegen bis zu 25 Francs ein. Als Ernest und Hadley im Dezember 1921 in Paris eintrafen, lebten dort zwischen 15 000 und 35 000 US-Bürger, vor allem Literaten, Maler, Bildhauer, Musiker und talentlose Lebenskünstler, manch armer Schlucker, manch reicher Erbe. Vergnügungssüchtige Privatiers bildeten eine gut betuchte pseudokünstlerische Community, welche Restaurants, Bars, Bordelle und die beim Volk beliebten Pferde- und Radrennbahnen bevölkerte.

Für 12 Francs bekamen die Hemingways ein Mittagsmenü, eine Flasche Rotwein kostete 60 Centimes. Nach der ersten Nacht im *Hôtel d'Angleterre* (1, vgl. Karte S. 47) bezogen sie eine schäbig möblierte Wohnung ohne

Wasseranschluss im vierten Stock des Hauses 74, *Rue du Cardinal-Lemoine* (8) im Quartier Latin unweit der *Place de la Contrescarpe* (9). In seinem Erinnerungsbuch *Paris, ein Fest fürs Leben* beschreibt Hemingway den Platz als eine »Senkgrube der Rue Mouffetard, jener wunderbaren, schmalen, bevölkerten Marktgasse«. In heißen Sommern muss der Gestank bestialisch gewesen sein: »Die Hochklosetts der alten Mietshäuser, eins auf jedem Treppenabsatz … entleerten sich in Senkgruben, deren Inhalt nachts in von Pferden gezogene Tankwagen gepumpt wurde.« Um die Ecke, in der *Rue Descartes* (10), fand Hemingway ein Dachstübchen zum Arbeiten, hier entstand (mithilfe einer Flasche Kirsch gegen die Kälte) sein erstes Buch mit Erzählungen.

Später wohnten Ernest und Hadley über einem Sägewerk in der *Rue Notre-Dame-des-Champs* (5). Von dort aus zog Ernest sich mit Notizheft und Stift in die Kultkneipe *La Closerie des Lilas* (6) zurück, manchmal in Begleitung von Baby Bumby alias Jack. Unweit davon konnte man in der *American Dingo Bar* (4) interessante Leute treffen – Pablo Picasso, die Tänzerin Isadora Duncan, Zelda und Scott Fitzgerald. Hemingway benutzte häufig den *Jardin du Luxembourg* als Abkürzung und besuchte phasenweise täglich das *Musée du Luxembourg* (12). In diesem hingen damals die Werke Cézannes, Monets und anderer Impressionisten, die er so bewunderte.

Vor allem das linke Seine-Ufer, die *Rive Gauche* oder *Left Bank*, übte als inspirierendes Geistesbiotop eine geradezu mythische Anziehungskraft auf Intellektuelle aus. Schon seit der Jahrhundertwende 1900 fanden Frauen aller Nationalitäten, Hautfarben und Begabungen –

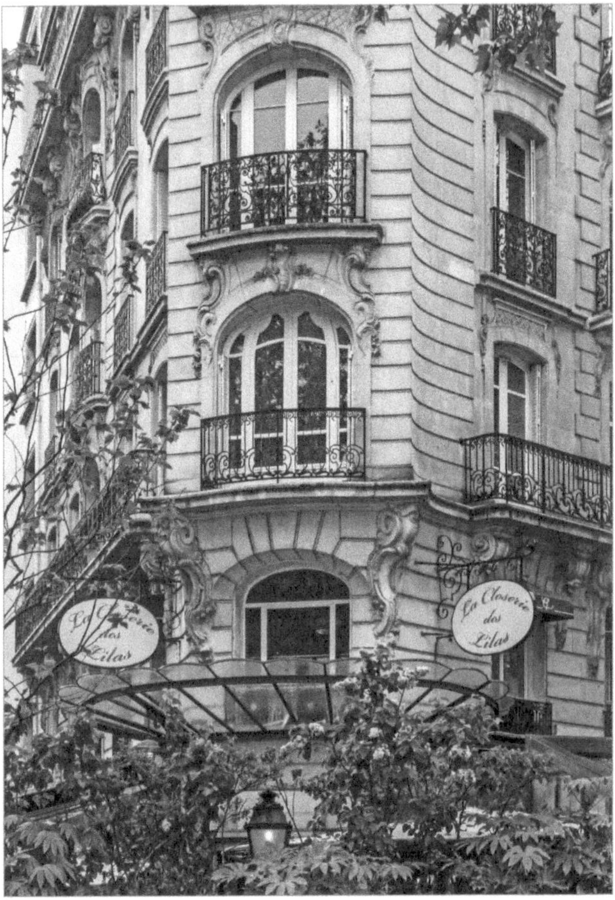

In die Kultkneipe »La Closerie des Lilas« zog Hemingway sich oft zum Schreiben zurück, manchmal in Begleitung seines kleinen Sohnes Bumby.

Dichterinnen, Malerinnen, Fotografinnen, Designerinnen, Tänzerinnen, Sängerinnen, Schauspielerinnen, Journalistinnen und Verlegerinnen – in Paris eine förderliche Umgebung ohne Konventionszwang. Hemingway öffneten einige Empfehlungsschreiben des Chicagoer Schriftstellers Sherwood Anderson Türen zu dem Dichter Ezra Pound, den Buchhändlerinnen Sylvia Beach und Adrienne Monnier sowie zum berühmten Salon der Schriftstellerin und Kunstsammlerin Gertrude Stein und ihrer Lebensgefährtin Alice B. Toklas. Neben Hadley, die Ernest als seelische Stütze in der Brandung seiner Gefühlswelt und als ruhenden Pol brauchte, um ihn vor den Exzessen der Partyszene zu schützen, prägten diese Personen maßgeblich Hemingways sieben Pariser Lehrjahre, in denen er Stil, Tonalität und Strukturen seines literarischen Schaffens entwickelte. Ezra Pound wurde sein wichtigster Mentor in literarischen und Lebensfragen. Pound favorisierte auch Hemingways spätere Hinwendung zu Pauline Pfeiffer, deren fachliche Kompetenz als Erstleserin und Lektorin sowie ihre gut gefüllten Konten er dem in seinen Augen banalen Einfluss der weniger intellektuellen Hadley auf den Freund vorzog. Samstags und manchmal auch zwischendurch fanden sich Ernest und Hadley in der *Rue de Fleurus* (3) bei Stein und Toklas ein. Gertrude prägte den Begriff *Lost Generation* für die literarische Szene dieser Zeit. Während sich die Literatur-Youngsters Hemingway, Wilder, Joyce, Fitzgerald, Bowles und die Maler Matisse, Bracke, Picasso zu tiefschürfenden Gesprächen um ihre geistreiche Freundin scharten, verbrachte Hadley in der »Ehefrauenecke« nette Abende mit der stets strickenden Alice. Die Freundinnen übernahmen bei Bumbys

Taufe 1923 freudig das Patinnenamt. Enge Freundschaft schlossen die Hemingways mit den Buchhändlerinnen der *Rue de l'Odéon* (11) Sylvia Beach (*Shakespeare & Company*) und Adrienne Monnier (*La Maison des Amis des Livres*). In ihren Räumen traf sich die Crème der Pariser Literatenszene. Beach versorgte Hemingway gezielt mit englisch-amerikanischer Pflichtlektüre, während Monnier ihm die französischen Autoren nahebrachte. Sylvia erlangte Berühmtheit, weil sie den Roman *Ulysses* von James Joyce, den alle Verlage zunächst als zu umfangreich und zu obszön abgelehnt hatten, herausbrachte. Joyce, dessen Familie sie dadurch praktisch vor dem Hungertod rettete, sollte sie jedoch fallen lassen, als sein Stern stieg; Sylvia ging fast pleite daran.

Gut fünf Jahre verbrachten Ernest und Hadley gemeinsam in Paris. Obwohl er diese Phase in seinem Pariser Erinnerungsbuch eindrücklich als Zeit tiefer Armut schildert, war das Paar nicht wirklich mittellos. Hadleys Zinseinnahmen schrumpften zwar im Laufe der Jahre, dafür erhielt Ernest erste Honorare für seine Short Storys und für den Roman *Die Sturmfluten des Frühlings*. Das Paar erkundete die italienische Riviera und verbrachte mit Kind zwei ganze Winter in Schruns im österreichischen Vorarlberg, wo man im Gasthof *Traube* günstig und komfortabel unterkam. Mehrmals blieb Hadley allein in Paris zurück, während Ernest in Konstantinopel für den *Toronto Star* über den Krieg zwischen Griechenland und der Türkei berichtete oder in Lausanne an einem Kongress teilnahm. Mehrmals verbrachte die kleine Familie die Sommerferien an der Côte d'Azur im mondänen Kreis und teils auf Kosten des reichen amerikanischen Ehepaars Murphy, und mehrmals verfolgten sie die Stierkämpfe in Pamplona hautnah. Aus diesen Erlebnissen entstand der Roman *Fiesta*, der dem Autor den internationalen Durchbruch brachte. Danach begann Ernest, sich für andere Frauen zu interessieren, vor allem für Pauline Pfeiffer. Und im Gegensatz zu den Anfangsjahren integrierte er sich stärker in den Kreis der amerikanischen Paris-Schickeria, während Hadley sich in dieser Gesellschaft unwohl fühlte. Außerdem hatte bereits ein frühes traumatisches Erlebnis wohl einen Keil zwischen die Liebenden getrieben. 1922 hatte Hadley den Zug nach Lausanne bestiegen, wo sie ihren Mann treffen sollte. Unterwegs wurde ihr eine Reisetasche gestohlen – darin Ernests unwiederbringliche gesamte Notizen, Fragmente und Entwürfe samt Kopien, die sie ihm mitbringen sollte. Der angehende Schriftsteller war außer sich, Hadley am Boden zerstört, die Beziehung ernsthaft angeknackst. Ezra Pound behauptete gar, Hadley habe den Koffer absichtlich verloren. Zurück blieb ein Stachel.

Pauline Pfeiffer, reiche Erbin einer pharmazeutisch-kosmetisch tätigen Industriellenfamilie in St. Louis, ging in Hemingways Lebensgeschichte als die »Rücksichtslose« ein, die mit dem »ältesten Trick der Welt«, nämlich Freundschaft mit der Ehefrau, eine stabile Beziehung gezielt und erfolgreich unterwanderte. Der Ehemann ließ sich erobern, nicht ohne Gewissensbisse, aber mit Freuden. Pauline zuliebe konvertierte Ernest 1927 zum katholischen Glauben und gestattete, dass seine protestantisch geschlossene erste Ehe samt Sohn Bumby mit dem Status ›unehelich‹ abgestempelt wurde. Auf diese Weise galt die neue Ehe entsprechend einer zweifelhaften Kirchenmoral als clean. Hadley soll kein großes Gewese darum gemacht haben, erstaunt war sie aber durchaus.

Vorübergehend wohnte sie im *Hôtel Beauvoir* (7), bevor sie sich eine eigene Wohnung in Paris suchte. Ernest überließ Hadley lebenslang die Tantiemen für alle *Fiesta*-Ausgaben, dafür durfte er Bumby sehen und einladen, wann immer er wollte. Fairerweise würdigte er ihre Verdienste als Frau an seiner Seite: »Nie hätte ich ›In unserer Zeit‹, ›Sturmfluten‹ oder ›Fiesta‹ geschrieben, wenn ich Dich nicht geheiratet und nicht Deine treue und aufopferungsvolle und immer anregende, liebevolle – und in der Tat finanzielle Unterstützung im Rücken gehabt hätte.«

Die puritanische Familie Hemingway in Oak Park in Michigan war not amused über die Kapriolen ihres Sohnes. Der Vater bezeichnete in einem Brief Leute wie Pauline, die ein intaktes Familienleben zerstören, als »Love Pirates« und wünschte sie »to hell«. Der zerknirschte Sohn beantwortete die Vorwürfe mit einer seitenlangen Lügenpostille. Er habe Bumby allein versorgt, »während Hadley auf einer Reise war« (es klingt, als habe sie sich ohne ihn vergnügt). Er habe sie nicht im Stich gelassen, mit »niemandem« Ehebruch begangen, Hadley habe sich selbst »zur endgültigen Scheidung« entschlossen, und wenn sie es nach der Scheidung gewünscht hätte, wäre er zu ihr zurückgekehrt. Immerhin gab er zu, mehr als ein Jahr in zwei Menschen verliebt gewesen zu sein; trotzdem aber sei er Hadley »absolut treu gewesen«, und er werde nie aufhören, Hadley und Bumby zu lieben und sich um sie zu kümmern – »und ich werde nie aufhören, Pauline Pfeiffer, mit der ich verheiratet bin, zu lieben.«

Pauline wurde von da ab zwar von einigen früheren Wegbegleitern missachtet oder gemieden, weil sie die Ehe der Hemingways bewusst untergraben hatte. Für die meisten Beobachter der Tragödie jedoch, vor allem für die männlichen, zählte ihr Erfolg. Einer Kämpferin gibt ihr Sieg Recht, die Niederlage der Konkurrentin erweckt nur Mitleid. Hadley, für die tatsächlich eine Welt zusammenbrach, verbitterte nicht, sondern blieb Ernest freundschaftlich verbunden, obwohl sie sich nur noch zweimal im Leben persönlich getroffen haben sollen. Sie verfolgte seinen Weg von fern. Einige Wochen nach der Scheidung freundete sie sich in Paris mit dem Lyriker und Auslandskorrespondenten der *Chicago Daily News*, Paul Scott Mowrer an, heiratete ihn sechs Jahre später und zog mit ihm und Bumby zurück in die Staaten. Mowrer erhielt 1929 den ersten Pulitzerpreis für Korrespondenten. Hemingway erhielt den Pulitzerpreis für Literatur erst 1953 für sein Buch *Der alte Mann und das Meer*, 1954 sogleich gefolgt vom Nobelpreis für Literatur. Bumby und Paulines Söhne Patrick und Gregory (später Gloria nach einer Geschlechtsumwandlung) pflegten geschwisterliche Beziehungen.

Ernest lebte mit Pauline in Florida auf Key West, ließ sich 1940 von ihr scheiden und heiratete die Kriegsreporterin und Schriftstellerin Martha Gellhorn, mit der er sich auf einer Finca in Kuba niederließ. Diese Ehe scheiterte 1945; ihr folgte 1946 eine Heirat mit der Kriegsreporterin Mary Welsh. Auch diese letzte Ehe verlief nicht ohne Krisen und Affären, aber man arrangierte sich. Am 2. Juli 1961 schießt sich der gesundheitlich schwer angeschlagene und vermutlich depressive Ernest Hemingway in seinem Haus in Ketchum (Idaho) eine Kugel in den Kopf. Pauline war bereits 1951 gestorben, Hadley folgte 1979, Mary 1986 und Martha 1998.

Pariser Schauplätze (in der Reihenfolge eines möglichen Rundgangs, siehe Karte auf der rechten Seite)

1 Hôtel d'Angleterre, 44, Rue Jacob, Métro Saint-Germain-des-Prés
2 Brasserie Lipp, 151, Boulevard Saint-Germain, Métro Saint-Germain-des-Prés
3 27, Rue de Fleurus, Métro Saint-Placide
4 Dingo American Bar, 10, Rue Delambre (nahe La Coupole, La Rotonde, Le Select, Falstaff), Métro Vavin
5 113, Rue Notre-Dame-des-Champs, RER Gare de Port-Royal
6 La Closerie des Lilas, 171, Boulevard du Montparnasse, RER Gare de Port-Royal
7 Hôtel Beauvoir, 43, Avenue Georges Bernanos, RER Gare de Port-Royal
8 74, Rue du Cardinal-Lemoine, Métro Cardinal Lemoine
9 Place de la Contrescarpe, Métro Cardinal Lemoine
10 39, Rue Descartes, Métro Cardinal Lemoine
11 12 und 7, Rue de l'Odéon, Métro Odéon
12 Musée du Luxembourg im Jardin du Luxembourg, 19, Rue de Vaugirard, Métro Saint-Sulpice

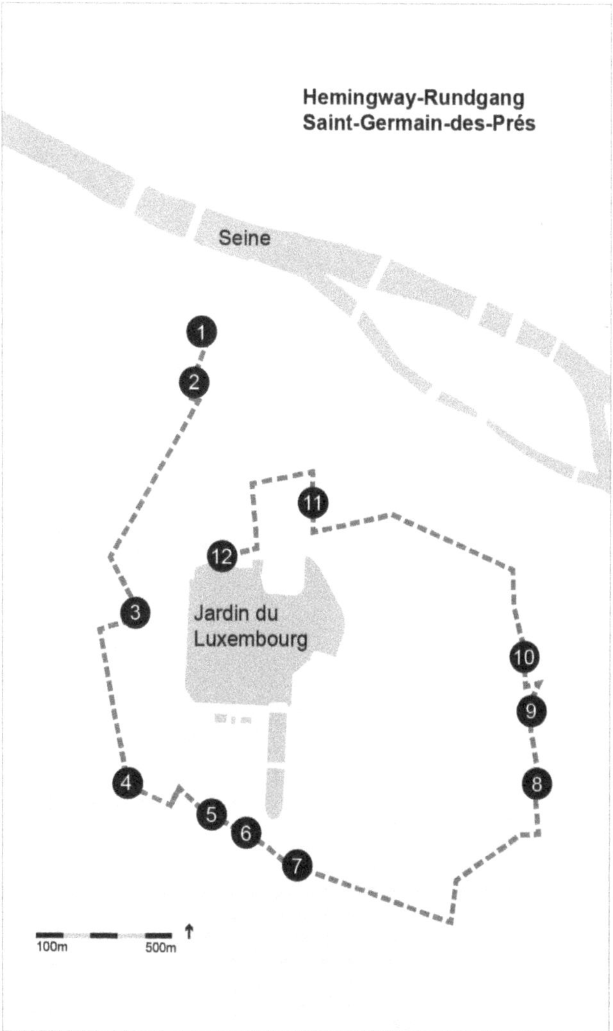
Hemingway-Rundgang
Saint-Germain-des-Prés
Seine
Jardin du
Luxembourg
1
2
3
4
5
6
7
8
9
10
11
12
100m
500m

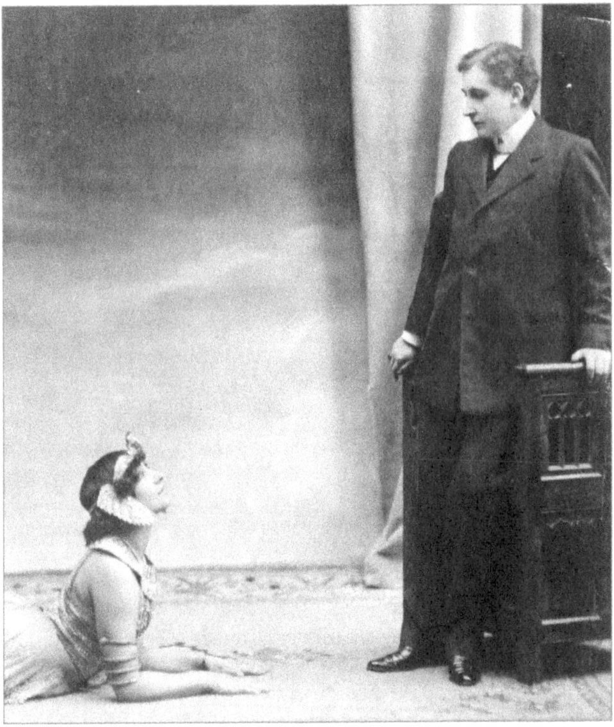

»… mein geliebtes Herz, Du bist
mein wahrer Lebensinhalt.«
Colette (1873–1954) und Missy (1863–1944) im Januar 1907 auf der Bühne des Moulin Rouge in der Pantomime »Rêve d'Égypte«.

Bühne frei den Femmes fatales
Colette und Mathilde Marquise de Belbeuf

Die Liebe ist kein ehrenwertes Gefühl.
Colette: »Diese Freuden«

»Missy chérie, ... ich liebe Dich. Ich stampfe ungeduldig von einem Bein aufs andere, um die Zeit zu beschleunigen. Ich umarme Dich, mein geliebtes Herz, Du bist mein wahrer Lebensinhalt« – solch stürmische Liebeserklärungen schreibt die französische Bestsellerautorin Colette im Oktober 1908 aus einem Hotel in Bordeaux an ihre Geliebte Missy in Paris.

Colette, die berühmte Französin, über deren turbulentes Leben Biografen dicke Wälzer verfassten, war bisexuelle Herzensbrecherin, dreimal verheiratet und in zahllose Liebesaffären und einige Skandale verstrickt. Sie war Pantomimin, über die 1907 *tout Paris* klatschte, weil sie auf der Bühne des Varietétheaters Moulin Rouge fast nackt auftrat und ihre Partnerin leidenschaftlich küsste. Sie war Pariser Salonlöwin und jahrzehntelang die einzige französische Schriftstellerin, die international Erfolg hatte. Als *Grand Officier* wurde sie in der Ehrenlegion ausgezeichnet, 1945 als zweite Frau (nach Judith Gautier) in die Zehner-Gruppe der ehrwürdigen *Académie Goncourt* aufgenommen und 1949 deren Vorsitzende. Und zuletzt war sie 1954 die erste Frau Frankreichs, die ein

Staatsbegräbnis bekam, was seitdem nur der Sängerin Josephine Baker und der Politikerin Simone Veil zugestanden wurde.

Gabrielle-Sidonie Claudine Colette stammte aus einem kleinen Ort am Rande des Burgund. Ihre Haarpracht reichte ihr als Jugendliche in »goldenen Zöpfen« bis über die Knie und wallte aufgelöst 1,58 Meter lang herab. Mit 19 Jahren heiratete sie mitgiftfrei Henry Gauthier-Villars, den 34-jährigen Sohn eines Kriegskameraden ihres Vaters, und zog mit ihm nach Paris. Für sie war es eine Liebesheirat – im Sinne einer rosafarbenen Schulmädchenromantik, die einen ersten Riss bekam, als die junge Ehefrau die routinemäßige Untreue ihres Gatten entdeckte. In Paris führte der Lebemann seine junge Frau in die Salons der Bourgeoisie und der Halbwelt ein. Henry war das schwarze Schaf einer Verlegerfamilie und machte in Paris eine journalistisch-literarische Karriere, die ihresgleichen sucht. Er schrieb, besser gesagt: Er ließ einen Stamm von Mitarbeitern Hunderte von Theater- und Musikkritiken, Magazinstorys aller Art sowie Liebesromane verfassen, die er unter dem Namen Willy veröffentlichte. Als begnadeter Chefredakteur bewegte er sich in literarischen Kreisen, mondänen Cafés und Theatern wie ein Fisch im Wasser.

Bald schon reihte Monsieur Willy seine intelligente Frau in die Schar der Groupies und Ghostwriter ein, überredete und nötigte sie, ihre Jugenderinnerungen in einem Schulheft niederzuschreiben. Dabei zeigte er sich als strenger Lektor, der selten lobte, was Colettes künftigen Lebensweg maßgeblich prägte. Sie gewöhnte sich an tägliche Schreibarbeit und absolvierte eine Art Lehre bei ihm, die ihre literarische Karriere begründete. Ihre recht braven Texte würzte er, indem er hier und da eine schlüpfrige Bemerkung, ein zweideutiges Aperçu, eine erotische Szene einfügte. Damit begann Willys finanzieller Erfolg – vier *Claudine*-Romane, später die lizenzierten Theater-, Varieté- und Kabarettversionen stellten alle früheren Veröffentlichungen der Willy-Werkstatt weit in den Schatten. Die Romanfigur der Claudine entwickelte sich zum Markenhype. Es gab sogar Merchandisingprodukte, Claudine-Parfüms, -Schals, -Zigaretten und -Schokolade.

Das Ehepaar Willy konnte die muffige Wohnung im dritten Stock eines Hauses in der *Rue Jacob* bald gegen ein sonniges und repräsentatives Appartement in der *Rue de Courcelles* eintauschen, wo Colette nun selbst als Salondame mittwochs zum Tee empfing. Mögen Colette gelegentlich bittere Gedanken in den Sinn gekommen sein, wenn sie ihren Mann als umschwärmten Pfau durch die Salons tänzeln sah, so war sie doch klug genug, den Wohlstand zu genießen und auf bessere Zeiten zu warten. In ihrer Autobiografie *Meine Lehrjahre* erinnert sie sich: »Die Hand, die nicht zögerte, den Schlüssel im Schloss umzudrehen, hat mich die innere Kunst gelehrt, mich zu tarnen.« Colette, ein ruhender Vulkan. Nach dreizehn Ehejahren war es so weit, sie zerriss »die lange Leine, an der ich lag«.

Colette und Missy lernten sich höchstwahrscheinlich 1905 im Spielclub Cercle des Arts et de la Mode kennen. In dessen Salons traf sich die gehobene Künstlerszene von Paris, darunter die weltberühmte Schauspielerin Sarah Bernhardt, genannt *la Divine*, der Avantgarde-Schriftsteller Alfred Jarry, die Schriftstellerin Natalie Clifford Barney mit ihren Freundinnen und eben auch der spielfreudige Willy. Letzterer war höchst amüsiert, als er die

Anziehungskraft bemerkte, die Missy auf seine Frau ausübte. Mathilde de Morny, Marquise de Belbeuf, genannt Missy, Max, Onkel Max oder Monsieur le Marquis, war zehn Jahre älter als Colette. Ihr Stammbaum ist überaus prominent besetzt: Kaiserin Joséphine, erste Frau von Napoleon Bonaparte, war ihre Urgroßmutter, deren Tochter Hortense de Beauharnais, Königin von Holland, dementsprechend ihre Großmutter; und ihr Vater, der Herzog von Morny, war der uneheliche Halbbruder von Kaiser Napoleon III und zeitweise sein Innenminister. Missys Kindheit verlief lieblos unter einer gefühlskalten Mutter aus dem russischen Hochadel. Prinzessin Sophie Troubetskoï hatte ihre 18-jährige Tochter, die lieber als Junge zur Welt gekommen wäre, standesgemäß mit dem normannischen Aristokraten Jacques Godard, Marquis de Belbeuf verheiratet, einem der reichsten Männer Frankreichs. Nach sechs Jahren trennten sich die Eheleute und trafen zunächst ein Arrangement gegenseitiger Freiheit, bevor sie sich 1903 scheiden ließen. Die sehr vermögende Missy verließ ihr Schloss bei Rouen und lebte in Paris offen ihre lesbische Orientierung aus. Vor allem wollte sie als Mann wahrgenommen werden – im heutigen Verständnis hatte sie eine queere Identität. In den Salons der Pariser Belle Époque gingen elegante Hetären, Damen der Demimonde und *Amazonen* ganz offen mit ihren Freundinnen ein und aus. Missys Auftreten als Onkel Max allerdings – Kopfhaarrasur, eleganter Maßanzug aus London oder derbe Knickerbocker, Männerstiefel, edle Krawattennadel, Wildlederhandschuhe, Zigarre, Spazierstock mit Goldknauf – erfuhr vielfach harsche Ablehnung, wenn auch in Anbetracht ihrer Herkunft und finanziellen Ausstattung vorläufig gesellschaftliche Duldung.

Missys Affären mit prominenten Frauen wie einer Prinzessin Poniatowska, der Edelkurtisane Liane de Pougy und der Komponistin Augusta Holmès erregten Aufsehen. Auch Colette hatte bereits erste Erfahrungen auf dem Gebiet der *amours saphiques* gesammelt, der lesbischen Erotik. Die Romanautorin und Lyrikerin Georgie Raoul-Duval hatte 1901 eine Affäre sowohl mit Willy als auch mit Colette unterhalten und sich einen Spaß daraus gemacht, die Eheleute direkt nacheinander in ihr Schlafzimmer zu bestellen. Im August des Jahres waren sie als *ménage à trois* nach Bayreuth gereist. Willy hielt lesbische Affären seiner Frau nicht nur für harmlos, er förderte sie sogar. Die weibliche Homosexualität sei ein Zeitvertreib, der die Ehefrau daran hindere, Affären mit Männern zu beginnen, das war sein Standpunkt. Die Georgie-Episode verarbeitete das Autorenduo Colette-Willy im Roman *Claudine in der Ehe*. In Colettes Liaison mit der amerikanischen Millionenerbin Natalie Clifford Barney hingegen war Willy nicht involviert. Barney animierte Colette zu ihrem ersten Auftritt als pantomimische Tänzerin. Sie trat als Schäferin »in einem sehr kurzen Kleidchen aus tonfarbener Crêpe de Chine« bei einem von Natalies Gartenfesten auf.

Dieser erste Auftritt, die zunehmende Entfremdung von Willy und dessen Vorschlag, sie könne eine Bühnenkarriere einschlagen, motivierten Colette, ein eigenständiges berufstätiges Leben zu beginnen. Sie fühlt sich betrogen, ausgenutzt, ungeliebt. Hinzu kommt, dass sie trotz der vielen Jahre der Fleißarbeit an sechs Romanen, die unter dem Künstlernamen Willy erschienen waren, nun als Mitdreißigerin ohne Einkommen praktisch auf der Straße steht. Im November 1906 verlässt sie das eheliche Domizil, lässt sich aber noch nicht scheiden. Ihr Weg führt sie mit einem Koffer, »ein paar Möbeln, Hund und Katze« in die *Rue de Villejust* in eine kleine Parterrewohnung. Die meiste Zeit verbringt sie nun allerdings in Missys Wohnungen, erst in der *Rue George Ville* und später in der *Rue Saint-Senoch*. Sie nimmt Unterricht bei dem berühmten Pantomimen Georges Wague, animiert auch Missy dazu und tritt in diversen Pariser Theatern auf.

Am 3. Januar 1907 provozieren Missy und Colette mit einem gemeinsamen Auftritt im Moulin Rouge einen Skandal. In einer von Missy choreografierten Pantomime namens *Rêve d'Égypte* erhebt sich tanzend die Mumie einer Pharaonin (Colette), die sich ihrer Tücher entledigt und in die Arme eines Archäologen (Missy) sinkt, der sie mit einem langen Kuss zum Leben erweckt. Das Publikum tobt eine halbe Stunde, beschimpft die Darstellerinnen aufs Unflätigste, wirft mit Gegenständen. Weshalb die Empörung? Die Direktion des Varietés hatte die Premierenplakate mit den Wappen der Morny und der Belbeuf geschmückt. »Man erwartete eine unruhige Vorstellung, stattdessen gerät sie zum Sturm«, kann man tags drauf im *Figaro* lesen. Colette reagiert mit einem Leserbrief: »Es wäre doch eigenartig, wenn die Tatsache, dem französischen Adel anzugehören, eine Frau daran hindern könnte, zu tun, was ihr gut erscheint.« Genau das ist der Fall. Schließlich verbietet der Pariser Präfekt das ganze Spektakel. Für Missy und für Willy, der nach wie vor mit Colette verheiratet ist, sind die Konsequenzen des Skandals bitter. Willy als ehrloser Ehemann einer Varietétänzerin verliert sofort seinen einträglichen Job als Mitarbeiter des konservativen Blattes *Écho de Paris*.

Missy, deren Bruder, der Herzog von Morny, den Protest am Premierenabend angezettelt haben soll, fiel vollends in Ungnade bei den beiden Familien, deren Wappen für die Werbung missbraucht wurden. Die Presse überschüttete sie mit bösartigen Artikeln, beschrieb sie als »Geschlechtslose mit dem schlaffen, aufgedunsenen, weiß geschminkten Gesicht und dem starren Blick einer Äthersüchtigen«.

In den folgenden Jahren köchelt Colettes Beziehung zu Willy auf kleiner Flamme weiter, bis Anfang 1909, als Colette von Willys kolossalem Betrug erfährt: Er hat aus Geldmangel alle Urheberrechte an den vier *Claudine*- und zwei weiteren Büchern für lächerliche Beträge an die Verlage abgetreten. Ab dem Moment herrscht Krieg zwischen den Eheleuten, gefolgt von einer öffentlich ausgetragenen Schlammschlacht im Magazin *Paris-Théâtre* und der rechtskräftigen Scheidung. Colettes Rachedurst ist unersättlich, nun macht sie mithilfe eines früheren Sekretärs von Willy ihre Urheberschaft an den *Claudine*-Bestsellern publik. Willy ist ruiniert und flieht vor seinen Gläubigern ins Ausland.

Zwischen 1906 und 1911 ernährt sich Colette von Bühnenauftritten und von Missys Fürsorge. Jahrelang tingelt sie mit diversen Truppen kreuz und quer durch die französische Provinz. Zwischendurch schreibt sie Artikel und hält Vorträge. Oft begleitet Missy sie im Reisetross und sorgt für ihr Wohlergehen. Sie bietet ihr bequemere Unterkünfte und besseres Essen, als die restliche Truppe es sich leisten kann, tröstet sie, steht die juristische Schlacht gegen Willy mit ihr durch, ersetzt kaputte Strümpfe, kocht Tee und ist immer verfügbar für »das ungezogene Kind«. Ist Colette allein unterwegs, tauschen die Frauen fast täglich zärtliche Briefe aus. In Paris genießt das Paar ein häusliches Leben. Missy überhäuft Colette mit teurem Schmuck und kleinen Aufmerksamkeiten. Colettes Mutter begrüßt die neue Beziehung und dankt Missy mehrfach dafür, dass sie im aufreibenden Artistendasein ihrer Tochter eine Mutterrolle übernimmt. Als Colette nebenbei eine Affäre mit Auguste-Olympe Hériot, einem attraktiven Erben der Louvre-Kaufhäuser, beginnt und mit ihm nach Italien und Nizza reist, äußert sich die Mutter zunächst kritisch, dann aber drängt sie Colette zur Ehe mit dem reichen Beau. Missy ist informiert und nicht beunruhigt. Während Colette triumphale Erfolge als Tänzerin, Mimin und zunehmend als Journalistin feiert, nimmt Missy sich ganz zurück. Sie wirkt im Hintergrund in der klassischen Ehefrauenrolle, während Colette sich genau von dieser Funktion in ihrer Ehe mit Willy emanzipiert hat.

Missy war ihrer Zeit um mehr als ein Jahrhundert voraus, als sie als queere Persönlichkeit sowohl traditionell männliche als auch weibliche Merkmale in sich vereinte und ausleben wollte. Ob sie dabei glücklich war, ist nicht zuletzt angesichts der gesellschaftlichen Ablehnung fraglich; ohnehin neigte sie zu Melancholie, was die lebenslustige Colette des Öfteren störte. Vorläufig aber genoss sie die Zeit mit der Geliebten und verbrachte mit ihr über Jahre die Sommerwochen in ihrem Haus in Le Crotoy an der Somme. 1910 erscheint Colettes Roman *La Vagabonde*, in dem sie ihre Tourneeerfahrungen und ihre Beziehung mit Hériot verarbeitet. Das Buch wird für den bedeutendsten französischen Literaturpreis, den Prix Goncourt, nominiert, erhält die Auszeichnung aber nicht.

Im Herbst 1910 entdecken Missy und Colette das

Anwesen Rozven bei Saint-Malo in der Bretagne. Die Besitzerin weigert sich, mit einer Frau in Männerkleidern einen Vertrag abzuschließen, deshalb tritt Colette als offizielle Käuferin auf, Missy finanziert die Transaktion. Ein halbes Jahr später kriselt die Beziehung, sie liefern sich heftige Eifersuchtsszenen, von Colettes Seite aus vermutlich fingiert, um ihre Eskapaden zu verschleiern. Denn sie flirtet nicht mehr mit dem harmlosen Hériot, wie Missy glaubt, sondern ist eine ernsthafte Beziehung mit Henry de Jouvenel eingegangen, dem Chefredakteur der Zeitung *Matin*. Im Frühjahr 1911 lässt Missy Rozven renovieren und zu einem bewohnbaren, gemütlichen Pärchennest herrichten. Im Juli tritt das Paar Colette-Jouvenel erstmals öffentlich zusammen auf, im August trennen sich Missy und Colette. Letztere behält Rozven, die Verlassene erwirbt ein paar Kilometer entfernt das Domizil Primerose. Nach der Heirat halten Colette und Jouvenel sich häufig in Rozven auf. Ihre gemeinsame Tochter Colette de Jouvenel wächst überwiegend in Internaten auf. 1925 lässt sich das Paar scheiden, Henry ist mittlerweile Regierungsmitglied und hat eine Geliebte, während Colette etwa drei Jahre lang eine Affäre mit Bertrand unterhält, Jouvenels Sohn aus erster Ehe. 1935 heiratet Colette in dritter Ehe ihren langjährigen Lebensgefährten Maurice Goudeket.

Zwanzig Jahre sollten Colette und Missy keinen Kontakt mehr zueinander haben. 1931 arbeitet Colette an ihrem offenherzigsten Buch *Diese Freuden* und lässt Missy, die darin in der Rolle der *Chevalière* wenig schmeichelhaft als ein unvollendetes hermaphroditisches Wesen charakterisiert wird, Teile des Manuskripts lesen. Der autobiografisch geprägte Roman schildert schnörkellos das ausschweifende Leben der Pariser Bohème und versammelt die Beichten von Frauen und Männern verschiedener sexueller Orientierung. Missy verlangt eine Korrektur und reagiert wütend, als das Buch ohne Änderungen erscheint. Sie hätte es sich denken können: Ob Lebende, ob Tote, ob Freundin, Feindin, Ex-Mann, Ex-Geliebte, Colettes Mutter oder flüchtige Bekannte – alle mussten damit rechnen, irgendwann, und sei es nach Jahrzehnten, kaum verschlüsselt in einem von Colettes autofiktionalen Werken aufzutauchen.

Trotz dieser Verstimmtheit halten die früheren Freundinnen nun lose Kontakt bis Anfang der 1940er-Jahre. Colette schreibt Missy aus Hotels und von ihrem Besitz La Treille Muscate bei Saint-Tropez aus. Immer wieder wundert sie sich in ihren Briefen darüber, wie Missy es bloß in der staubigen Pariser Sommerhitze aushalten könne. Colette ist nun eine wohlhabende und angesehene Künstlerin, die mit Ehren überhäuft und deren literarisches Werk mit dem von Marcel Proust verglichen wird. Missys Vermögen dagegen ist dahingeschmolzen, vermutlich kann sie sich teure Aufenthalte am Meer gar nicht mehr leisten. Sie lebt von einer kleinen Leibrente und hält sich überwiegend in Paris in ihrer 1920 erworbenen Wohnung in der *Rue des Eaux* auf. Sie geht gern ins Kino und beobachtet stundenlang Frauen in einem Friseursalon. In ihren letzten Lebensjahren kümmert sich der Filmregisseur Sacha Guitry um sie und bezahlt ihre Bistrorechnungen. Im Juni 1944 scheitert ein Selbstmordversuch; der nächste gelingt. Am 4. Juli, noch während der deutschen Besatzung, stirbt Missy 86-jährig. An ihrer Beerdigung auf dem Friedhof Saint-Honoré-d'Eylau nehmen zwölf Personen teil, Colette gehört nicht dazu. Sie sitzt seit 1943 wegen eines Hüftleidens

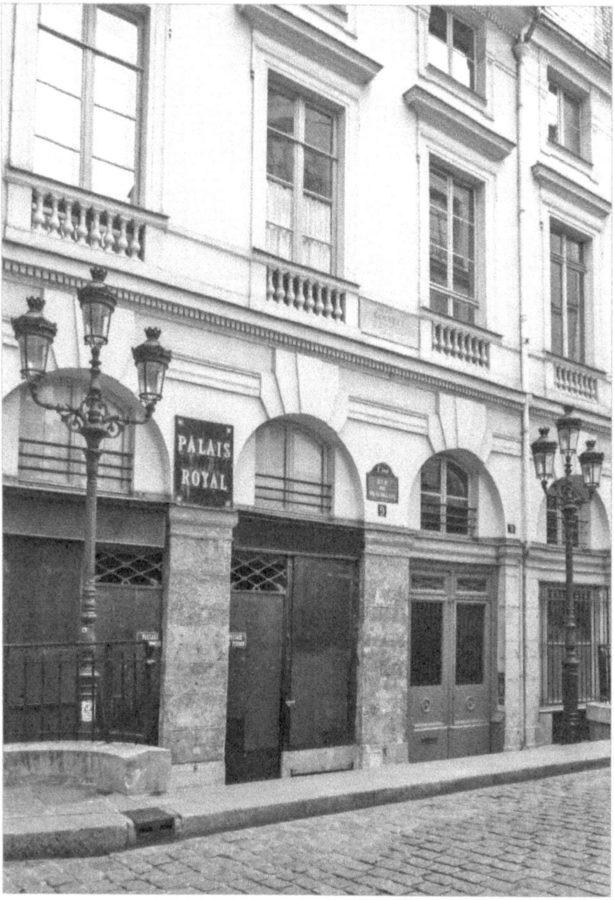

Im monumentalen Palais-Royal, in dem einst Kardinal Richelieu, Königinmutter Anna von Österreich und Liselotte von der Pfalz residierten, wohnte Colette viele Jahre mit ihrem dritten Ehemann.

im Rollstuhl und verlässt ihre Wohnung im exklusiven *Palais-Royal* mit Blick auf den *Jardin du Palais-Royal* nur selten, um im *Restaurant Le Grand Véfour* zu essen. 1954 schließlich stirbt auch sie, ihr Grab liegt auf dem Prominentenfriedhof *Père Lachaise*.

Epilog. Mehr als ein halbes Jahrhundert nach dem Tod der großen alten Dame der modernen französischen Literatur wurde eine auf verschlungenen Wegen entdeckte Sammlung von etwa 120 Briefen Colettes an Missy veröffentlicht, geschrieben im Zeitraum von 1908 bis 1940. Sie erlaubt erstmals einen tiefen Einblick in diese »einzigartige Liebe«. Missys Briefe sind leider nicht erhalten. In der Einleitung zitieren die Herausgeber aus einem Brief Colettes an die Pariser Stummfilm-Schauspielerin Musidora: »Wenn man eine solche Freundin wie die meine gefunden hat … hat man das Ende seines Lebens erreicht, die Schranke einer glücklichen und abgeschlossenen Sackgasse, in die man sich bis zum Tode bettet. Jedenfalls hoffe ich das. Ich stelle mir ein Leben ohne sie nicht vor, ihre Sanftheit, ihr eher trauriges als fröhliches Lächeln, ihre Furcht vor bösen Menschen, ihre so eigene Stimme …«

Wie unzuverlässig die Liebe sein kann, hochjauchzend und dennoch versiegend.

Pariser Schauplätze

28, Rue Jacob, Métro Saint-Germain-des-Prés • 93 und 177, Rue de Courcelles, Métro Péreire-Levallois • 44, Rue Villejust (heute Rue Paul Valéry), Métro Kléber • 2, Rue George Ville, Métro Victor Hugo • 1, Rue de Saint-Senoch, Métro Péreire-Levallois • Le Moulin Rouge, 82, Boulevard de Clichy, Métro Blanche • 1, Rue des Eaux, Métro Passy • 9, Rue de Beaujolais (Palais-Royal), Métro Bourse • Restaurant Le Grand Véfour, 17, Rue de Beaujolais, Métro Bourse • Jardin du Palais Royal, 8, Rue de Montpensier, Métro Palais Royal/Musée du Louvre • Place Colette (Comédie française), Métro Palais Royal/Musée du Louvre • Friedhof Père Lachaise, Boulevard Ménilmontant, Division 4, Métro Philippe Auguste

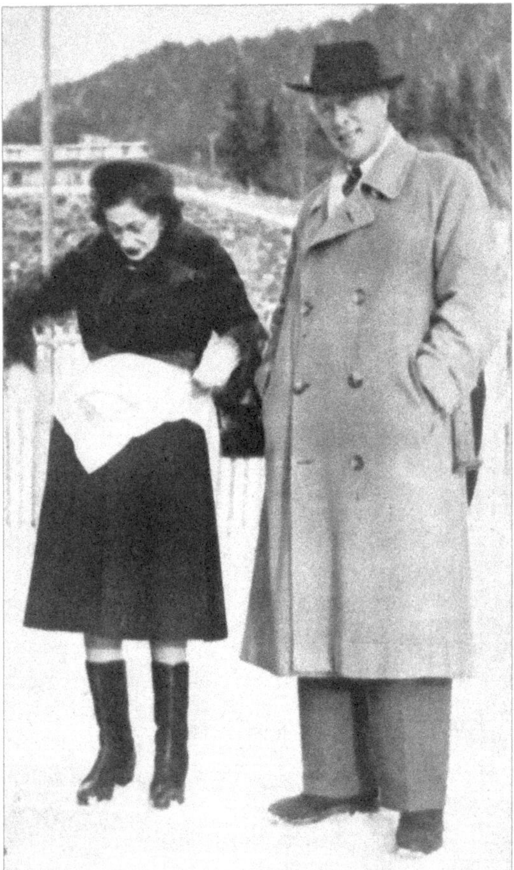

»... eine starke Person, in der Lage, einen Mann und ein Empire zu regieren.«
Coco Chanel (1883–1971) und Hans Günther von Dincklage (1894–1974), hier 1951 in Villars-sur-Ollon (Kanton Waadt, Schweiz)

Parfüm und Jauche
Coco Chanel und Hans Günther von Dincklage

Ich bin voll von Widersprüchen, die nur mich angehen, an die ich mich aber nicht gewöhnen kann.
»Die Kunst, Chanel zu sein. Coco Chanel erzählt ihr Leben«

Am Neujahrstag des Jahres 1910 verlegte die 26-jährige Hutmacherin Gabrielle Chanel, genannt Coco, ihr Geschäft aus der Junggesellenwohnung ihres Geliebten Etienne Balsan in die *Rue Cambon 21*. Mit Krediten ihres nächsten Geliebten, des vermögenden englischen Polospielers Boy Capel, eröffnete sie Modeboutiquen in Deauville und Biarritz. 1921 siedelte sie die Firma in repräsentativere Räume in der *Rue Cambon 31* um, bis heute das Chanel-Stammhaus, erweitert um die Gebäude 29, 27, 25 und 23. Die Rue Cambon mit Kreativatelier, Mode-, Parfüm- und Schmuckgeschäften sowie privaten Salons ging als Bühne des Lebens einer so faszinierenden wie schillernden Persönlichkeit in die Geschichte des 20. Jahrhunderts ein. Coco Chanel war eine Moderevolutionärin, die funktional-schicke Kleidung für moderne Frauen entwarf und den weiblichen Körper von einengender Zwangskorsage befreite: »Dieser Körper schwitzte in den Prunkgewändern, unter all den Spitzen, den Korsetts, den Dessous, der Staffage.«

Im *Luxushotel Ritz* an der *Place Vendôme*, dessen Rückseite auf die Rue Cambon geht, bewohnte die Modeschöpferin ab 1954 eine Suite. Auf diese Weise musste sie nur die Straße überqueren, um in ihr Atelier de Couture zu gelangen, in dem fleißige Näherinnen edle Stoffe zuschnitten und daraus elegante Kleidung schneiderten. Wenn die Chefin später durch das spiralförmige Treppenhaus in die oberen Etagen stieg, sog sie genüsslich den blumig-pudrigen Duft des weltberühmten Parfüms Chanel N° 5 ein, den ihre Mitarbeiterinnen jeden Morgen vor ihrem Eintreffen versprühen mussten. Vermutlich dachte sie in diesen Momenten manchmal an ihre »große Liebe« Boy Capel zurück, der ihr das Startkapital für ihr Imperium gestellt hatte, aber schon 1919 bei einem Autounfall ums Leben gekommen war. Seitdem hatten zahlreiche Geliebte Tisch und Bett mit ihr geteilt, darunter ein schneidiger deutscher Offizier. In den Baron Hans Günther von Dincklage, Spitzname ›Spatz‹, verliebte Coco Chanel sich 1940 im Ritz während der deutschen Besatzungszeit; sie war 57 Jahre alt, er 13 Jahre jünger. Flüchtig kennengelernt hatte sie ihn bereits vor dem Krieg bei diversen Abendgesellschaften. Spatz war ein Schönling und Gesellschaftslöwe, der sich problemlos die attraktivsten und vor allem die betuchtesten Damen aussuchen konnte. Der große, blonde, blauäugige Deutsche mit dem jungenhaften Grinsen, sportlich und kultiviert, perfekt Französisch und Englisch parlierend, war mit besten Umgangsformen, routiniertem Charme und Souveränität in allen Lebenslagen gesegnet. Er konnte tanzen und reiten, spielte Polo und war mit den Gepflogenheiten und Vorlieben sowohl der Pariser Bourgeoisie als auch der Bohème bestens vertraut. Der Baron passte ideal in Coco

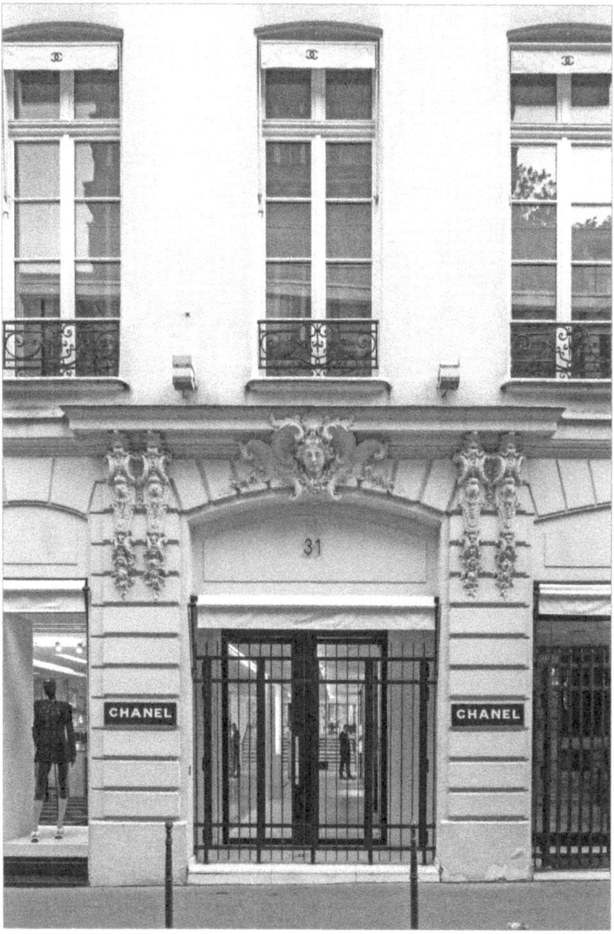

Rue Cambon 31, legendäre Firmen- und Salonadresse von Coco Chanel

Chanels Beuteschema: Eine Schulter zum Anlehnen, ein ansehnliches Mannsbild, das eine Frau im Bett glücklich machen konnte und dabei diskret blieb. Er erinnerte Coco an ihren Lebensgefährten zwischen 1925 und 1930, den Herzog von Westminster – steinreich, konservativ mit unverhohlen antisemitischen und homophoben Ansichten, Cousin von König George V., eng befreundet mit Thronfolger Prince of Wales (Edward VIII.) und mit Winston Churchill. Auch er war groß, blond, einflussreich, von vollendetem Charme und beeindruckender Überlegenheit gewesen. Der Duke hatte Coco zur inoffiziellen Herrin seines riesigen Landsitzes Eaton Hall – ausgestattet unter anderem mit riesigen Stallungen und 17 Rolls-Royce – gemacht. Churchill nannte sie damals »eine starke Person, in der Lage, einen Mann und ein Empire zu regieren«. Coco hatte ein Faible für Engländer. Auch mit Hans Günther von Dincklage sprach sie Englisch, schließlich war seine Mutter Engländerin; eine Tatsache, die sie gern erwähnte, wohl weil es seine peinliche Identität als deutscher Besatzer etwas neutralisierte.

Wer war Coco Chanel? Im Spiegel eines ereignisreichen Lebens, das sich als Abenteuerroman erzählen ließe, ist es kaum möglich, den schweren Vorhang vor der schillernden »Grande Dame« selbst, vor der privaten »Mademoiselle« beiseite zu ziehen; kaum zu ermitteln, was sie im Innersten empfand und wie sie die Welt sah. Oberflächlich betrachtet war sie ein Alphatier, das sich mit Alpha-Liebhabern umgab.

Coco Chanel, geboren als Gabrielle Chasnel, entstammte ärmlichen Verhältnissen in den Cevennen: Ihr Vater war Hausierer, ihre Mutter Wäscherin, die nach der Geburt von sechs Kindern früh starb. Gabrielle war zu diesem Zeitpunkt zwölf Jahre alt. Der Vater verschwand danach auf Nimmerwiedersehen, was für sie und ihre Schwestern die Einweisung in ein strenges katholisches Waisenhaus bedeutete, ein festungsartiges Kloster in Aubazine, in dem Gabrielle sieben Jahre lebte, wo sie nähen, Disziplin und Genügsamkeit lernte und sich vermutlich einsam fühlte. Anschließend kam sie in Moulins in einem katholischen Mädchenwohnheim unter, arbeitete als Näherin, sang und tanzte in Nachtclubs, wo ihr Spitzname Coco aufkam. Mit 25 Jahren zog sie zu ihrem reichen Geliebten Etienne Balsan auf dessen Anwesen Royallieu bei Paris, wo sie im Damen- und im Herrensattel reiten lernte, ihre ersten Hüte entwarf und schließlich Boy Capel kennenlernte, der der englischen Oberschicht entstammte. Boy ermutigte sie zur beruflichen Selbstständigkeit, bot ihr in den ersten Jahren finanziellen Rückhalt und legte damit den Grundstein für das Unternehmen Chanel und Cocos internationalen Siegeszug. Saison für Saison ließ die Modeschöpferin ihre Mannequins die neuen Kollektionen vorführen, kleidete sie die Pariser Damenwelt in der Rue Cambon ein. Der Weltvertrieb ihres 1921 kreierten Parfüms Chanel N° 5 machte Coco zur Multimillionärin.

Mitte der Dreißigerjahre vertrieb das Haus Chanel mit 4000 Angestellten weltweit jährlich rund 28 000 Modellkleider, dazu den Parfüm-Bestseller, Modeschmuck und weitere Damenaccessoires. 1936 musste die Chefin fassungslos mit ansehen, wie ihre Verkäuferinnen und Näherinnen sich der allgemeinen Streikwelle anschlossen und »Mademoiselle« den Zugang zu ihrem eigenen Betrieb verwehrten. Höhere Löhne, Vierzigstundenwoche und bezahlter Urlaub, lauteten ihre

Forderungen. Die arbeiterfreundliche Volksfront-Regierung um Premierminister Léon Blum mit einer Parlamentsmehrheit aus Sozialisten, Kommunisten und Radikalen erhörte die Rufe der Streikenden, erließ entsprechende Gesetze und führte eine Schulpflicht bis zum 14. Lebensjahr ein. Chanel, die sich aus einem Dasein als geduldetes Waisenkind und als abhängige Kurtisane zu eigener Macht aufgeschwungen hatte, war über das in ihren Augen undankbare Verhalten ihrer Mitarbeiterinnen höchst erbost. Vermutlich aus diesem Gefühl tiefer Gekränktheit heraus rächte sie sich bei Kriegsbeginn 1939. Überstürzt entließ sie fast alle fristlos, schuf keine neuen Kreationen mehr und schloss die Boutiquen, bis auf den lukrativen Parfümladen. Eine Rolle spielte dabei jedoch sicher auch, dass Coco seit einigen Jahren erstmals eine ernsthafte Konkurrentin im Terrain ihres Pariser Imperiums ertragen musste. Der Stern des schlichten Chanel-Stils sank stetig – das bequeme Flapper-Kleid, das schicke kleine Schwarze, das praktische Tweedkostüm, das schmucklose Etuikleid wirkten beinah über Nacht veraltet. Stattdessen boomten die surrealistischen Roben der italienischen Modedesignerin Elsa Schiaparelli – in schockierendem Pink und anderen schrillen Farben.

Dincklage seinerseits entstammte der preußischen Militäraristokratie. Im Ersten Weltkrieg diente er im königlichen Garde-Ulanen-Regiment an der russischen Front, anschließend praktizierte der Jurist einige Jahre als Staatsanwalt. Er sympathisierte mit der völkischen Bewegung, die später mit dem Nationalsozialismus verschmolz. Bereits während der Weimarer Republik begann seine Karriere als Auslandsagent. Von 1928 bis 1934 lebte er überwiegend mit der Familie seiner Frau Maximiliane

›Catsy‹ von Schoenebeck im Badeort Sanary-sur-Mer an der Côte d'Azur. Beide betätigten sich als Spione für die deutsche Abwehr, kundschafteten den nahen Militärhafen Toulon aus und unterhielten zu diesem Zweck ›nützliche‹ Liebschaften. Sie berichteten Details aus dem Leben der nach der Machtergreifung aus Deutschland dorthin geflohenen Schriftsteller nach Berlin. Der deutsche Philosoph Ludwig Marcuse bezeichnete Dincklage als »kreuzdumm« und »ungefährlich«, ein fataler Irrtum. Anfangs gab sich das Paar als Verfolgte des Naziregimes aus, 1934 ließ sich der Baron jedoch offiziell von Catsy scheiden, da sie wegen ihrer jüdischen Mutter nach nationalsozialistischen Kriterien als Halbjüdin galt. Als Agentin überstand sie die Nazizeit allerdings unbehelligt, und Spatz ging bei ihr weiterhin ein und aus. Ab 1933 arbeitete Dincklage offiziell als Presse- und Sonderattaché an der Deutschen Botschaft Paris, dort verfügte er über direkte Telefonleitungen nach Berlin und über die berühmte Chiffriermaschine Enigma. Die französische Spionageabwehr erkannte rasch, dass Dincklage propagandistisch tätig war und mit Geld aus Berlin ein Spionagenetz aufbaute; er galt als »gefährliches Subjekt« und »berüchtigter Schürzenjäger«. 1938 wurde er aus Frankreich ausgewiesen und zog sich in die Schweiz zurück, wo er Informationen über die Schweizer Verteidigung sammelte und ebenfalls enttarnt wurde. Frankreich setzte ihn wegen feindlicher Spionage auf eine Fahndungsliste. Umso triumphaler gestaltete sich 1940 seine Rückkehr als Besatzungsoffizier nach Paris.

1940 fühlte sich die Königin der Haute Couture einsam und unzufrieden, beruflich unterfordert und verspürte Lust auf eine neue Liebe. Einsamkeit war ein Grundton von Cocos Lebensmelodie: »Ich hasse das

Alleinsein und bin doch völlig allein.« Ihre ehemaligen Liebhaber waren tot, verheiratet oder weit weg. Die turbulenten Jahre mit rauschenden Festen, extravaganten Amouren und engen Freundschaften mit Prominenten waren passé. 1940 betrauerte die Selfmadefrau immer noch ihren letzten Geliebten Paul Iribe, einen erfolgreichen Modezeichner und satirischen Illustrator mit baskischen Vorfahren. Iribe war ein ausgeprägter Antisemit, den die Schriftstellerin Colette als »Dämon« charakterisierte. Nach dreijähriger Liebesbeziehung war Iribe im Sommer 1935 vor Cocos Augen auf dem Tennisplatz ihrer Villa La Pausa in Roquebrune an der Côte d'Azur zusammengebrochen und an Herzversagen gestorben. Coco war untröstlich.

Neben ihrem Verlangen nach Liebe gab es einen weiteren Grund für Coco, im Sommer 1940 mit Dincklage eine Liaison einzugehen: Die Verbindung erschien ihr nützlich. Die Lage für die hungernde Pariser Bevölkerung war mittlerweile prekär. Am 14. Juni 1940 hatten deutsche Truppen Paris erobert. Seit Tagen und Wochen schon waren um die vier Millionen Franzosen und Belgier vor den sich nähernden Bombardements geflüchtet, mit alten Menschen in Rollstühlen, Babys in Tragetüchern, Bettdecken und Hausrat. Ein Konvoi überladener Autos und skurriler Gefährte vom Handkarren bis Leichenwagen, vom Fahrrad bis Pferdefuhrwerk wälzte sich zäh gen Süden. Auch Coco Chanel verließ Paris im großen Pulk in Begleitung mehrerer Mitarbeiterinnen in einem geliehenen Cadillac (ihr blauer Rolls-Royce erschien dem Chauffeur als Flüchtlingswagen in dem Tohuwabohu ungeeignet). Trotz der Einschläge durch Sturzkampfbomber, die den kilometerlangen Treck beschossen, erreichte

Cocos Gruppe unversehrt ihr Ziel, das Dorf Corbères-Abères bei Pau nördlich der Pyrenäen. Im Château de Lembeye fanden sie Unterschlupf bei der Familie von Cocos Neffen André Palasse, der seinerseits an der französischen Maginot-Linie in Gefangenschaft geraten und in ein deutsches Stalag interniert worden war. Das Schloss hatte Coco einst erworben und André überlassen, dessen Erziehung in einem englischen Internat Boy Capel und sie selbst nach dem Tod von Cocos Schwester finanziert hatten. Andrés Tochter Gabrielle, genannt Tiny, war Cocos Liebling; sie arbeitete später bis zum Tod der Großtante an deren Seite und erbte große Teile ihres Vermögens. Tiny war eine der wenigen Augenzeugen, die den Biografen Einzelheiten aus der Liebesbeziehung zwischen Coco und Spatz berichten konnte.

Nach Frankreichs Kapitulation und der Besetzung der nördlichen und westlichen Landesteile traten viele Pariser Flüchtlinge den Rückweg nach Hause an, um sich mit den neuen Herren zu arrangieren. Allerdings benötigte man einen Passierschein, um von der freien in die besetzte Zone zu gelangen. Deshalb machte sich Coco Chanel Ende Juli auf den Weg nach Vichy, dem Regierungssitz der *zone libre* unter Maréchal Pétain. Den *laissez passer* ergatterte sie dort zwar, aber sie wollte unbedingt auch ihren Neffen André Palasse aus deutscher Kriegsgefangenschaft auslösen. Für derartige Anliegen brauchte man einen einflussreichen deutschen Offizier – wie zum Beispiel Baron von Dincklage, ein hohes Tier beim militärischen Geheimdienst in Paris. Er logierte im Ritz, vor dessen Eingängen nun deutsche Wachsoldaten patrouillierten und mit dem Hitlergruß salutierten. Coco hätte ihre Suite im Ritz auch gern wieder bezogen. Allerdings besaß das Hotel nun einen Sonderstatus und beherbergte ausschließlich ranghohe deutsche Offiziere und Nazigrößen wie Hermann Göring, Joseph Goebbels und Albert Speer. Spatz erfüllte Cocos Wünsche, verschaffte ihr zwei Zimmer im Ritz und sorgte dafür, dass der Neffe heimkam. Der Baron hatte viel Erfahrung damit gesammelt, dankbare Geliebte für geheimdienstliche Zwecke auszunutzen. Das beruhte auf Gegenseitigkeit, denn auch Coco wusste ihre Lover zeitlebens für allerlei nützliche Zwecke einzusetzen.

Frankreich während der Besatzung bedeutete für das Volk eine lange Zeit der Demütigungen und des Darbens. Im Parlament thronte eine Büste von Adolf Hitler, ein Meer von Hakenkreuzen flatterte über Paris. Truppen exerzierten auf den Champs-Élysées, über die Boulevards jagten Militärfahrzeuge und Mercedeslimousinen, während die Privatautos der Franzosen, deren Nutzung generell untersagt war, in Garagen und Gartenlauben auf bessere Zeiten warteten. Etwa 300 000 deutsche Beamte und Soldaten wurden in privaten Häusern und Wohnungen, in requirierten Hotels und Pensionen untergebracht, deren Mieter und Besitzer zu verschwinden hatten. Ab 22 Uhr galt eine Sperrstunde, Heizmaterial war schwer zu bekommen, Lebensmittel rationiert auf 1200 Kalorien pro Person und Tag, für alte Leute auf 850 Kalorien. Zugleich wurden die Küchen der Restaurants, Clubs und luxuriösen Hotels so gut bestückt, dass sie hochrangigen Offizieren, Gestapoleuten, Nazifunktionären und französischen Kollaborateuren erlesene Speisen der berühmten Haute Cuisine servieren konnten. Paris atmete schwer unter einem entbehrungsreichen Scheinfrieden. Cafés, Kinos, Bordelle, Oper, Cabarets und Läden mit Luxusartikeln waren geöffnet, nur ihre Kundschaft hatte gewechselt. Deutsche Offiziere hatten die Taschen voller Geld, denn ihr Reichsmark-Sold wurde mit einer Abwertung von 25 Prozent in Francs ausgezahlt. Man erstand nicht nur Wein und Käse, sondern auch Chanel-Parfüm und handgenähte Cervin-Nahtnylons für die Lieben zuhause. Der deutsche Beauftragte für den Weinimport exportierte 320 Millionen Flaschen Wein zum Festpreis nach Deutschland und entzog den Franzosen damit ein Grundnahrungsmittel.

Coco Chanel ihrerseits gab intime Diners in ihrem Salon und nahm in Begleitung ihres Galans an ausschweifenden Festen des deutschen Botschafters Otto Abetz und des Vichy-Botschafters Fernand de Brinon teil, bei denen kultivierte deutsche Offiziere sich in fehlerfreiem Salonfranzösisch bewegten.

Was verband die durchaus nationalistisch gesinnte Französin mit dem deutschen Spion, abgesehen von einer unzweifelhaft vorhandenen erotischen Anziehung und seiner Nützlichkeit für ihren Lebensstil? Einerseits sicher Cocos ausgeprägter Antisemitismus, der sich, wie mehrere Zeitzeugen berichten, in hasserfüllten Schimpftiraden äußern konnte. Die Wurzeln ihres Judenhasses reichen tief in ihre Zeit im katholischen Waisenhaus zurück. »An der Wende zum 20. Jahrhundert … indoktrinierten Einrichtungen wie Aubazine die katholische Jugend« mit Hass auf die »Christusmörder« (Hal Vaughan). Hinzu kam, dass Chanel mit vielen Engländern und Franzosen eine tiefe Furcht vor dem stalinistischen Kommunismus teilte. Je länger der Krieg dauerte, desto überzeugter war Chanel, dass ihr Freund Winston Churchill an einem Verständigungsfrieden mit Hitler interessiert sei, zu dessen Gelingen sie selbst beitragen könnte.

Darin irrte sie. Churchill wollte im Gegensatz zu seinem politischen Rivalen, dem Appeasement-Politiker und »Hitlerversteher« Lord Halifax, England zu einem kompromisslosen Sieg führen. Chanel ließ sich mit Dincklages Vermittlung als Abwehragentin F-7124 anwerben, Codename *Westminister*. Die Details dieser Tätigkeit recherchierte erstmals umfassend in minutiösen Archivstudien der amerikanische Journalist und Diplomat Hal Vaughan, dessen Buch *Sleeping with the Enemy* 2011, vierzig Jahre nach Chanels Tod, den Franzosen endgültig die letzte Illusion über ihr Idol nahm. Eine der spektakulärsten Aktionen der Kollaborateurin deckte Vaughan im Detail auf: Wie Coco im eiskalten Winter 1943/44 mit Dincklage nach Berlin reiste und im Reichssicherheitshauptamt Walter Schellenberg traf, den Chef der vereinigten Geheimdienste der Nazis. Mit stiller Duldung von Reichsinnenminister Heinrich Himmler, der sich ein politisches Hintertürchen offenhalten wollte, schmiedeten die drei einen Geheimplan unter dem Namen *Operation Modellhut*. Chanel sollte nach Madrid reisen, um dort Churchill zu einem Separatfrieden Englands mit Nazideutschland zu bewegen, mit dem Ziel, gemeinsam Stalin und die Rote Armee zu bekämpfen. Die Mission scheiterte von vornherein, denn Churchill erkrankte an einer Lungenentzündung und reiste gar nicht nach Madrid.

Coco Chanel stand wie einige andere Prominente auf der Schwarzen Liste der Résistance. Vermutlich war ihr mulmig zumute, als sie am 25. August 1944, einen Tag nach der Befreiung von Paris, mit Freunden von einer Wohnung aus den Einzug Géneral de Gaulles über die Champs-Élysées beobachtete. Sie musste damit rechnen, als »horizontale Kollaborateurin« verhaftet zu werden. Den französischen Freundinnen und Prostituierten deutscher Offiziere erging es schlecht, sie wurden kahl geschoren und halb nackt durch die Straßen getrieben. Die Franzosen rächten sich für die Hungerjahre an denen, die sie als Kollaborateure identifizieren konnten. Während dieser Racheaktionen sollen mehr als 30 000 Menschen umgebracht, später etliche auch offiziell hingerichtet worden sein. Coco Chanel wurde tatsächlich verhaftet, kam aber dank einer Intervention durch den britischen Botschafter Duff Cooper auf Vermittlung Churchills nach ein paar Stunden frei. Sofort packte sie ihre Koffer und ließ sich im Cadillac nach Lausanne bringen, wo sie bald darauf Dincklage wiedertraf. Während der Baron und seine Exfrau Catsy 1947 endgültig aus Frankreich ausgewiesen wurden, reiste Chanel öfter mehr oder weniger inkognito nach Paris. Bis zu ihrem Pariser Comeback als Modeschöpferin im Jahr 1954 blieb sie im Schweizer Exil. Sie kaufte in Lausanne ein Haus und verhielt sich unauffällig. Sie unterstützte Dincklage, der sich versteckt hielt und nie zur Rechenschaft gezogen wurde, und erkaufte sich mit hohen Beträgen das Schweigen der wichtigsten Zeugen ihrer Kollaboration, darunter Walter Schellenberg.

Ein Jahrzehnt hielt die brisante Beziehung zwischen Coco und Spatz. In den Fünfzigerjahren verschwand der Baron aus Cocos Leben. Bis zu seinem Tod 1974 lebte er auf den Balearen – mit einer angeblich stattlichen Pension aus Chanels Vermögen. Coco Chanel präsentierte 71-jährig am 5. Februar 1954 erstmals wieder eine neue Kollektion in Paris, die zwar als altbacken von der französischen und britischen Presse verrissen, in amerikanischen Magazinen jedoch gefeiert wurde. Die nächste

Kollektion von 1956 mit dem berühmten Chanel-Kostüm erneuerte ihren früheren Ruhm. Marlene Dietrich, Jackie Kennedy, Jeanne Moreau, Romy Schneider, Elizabeth Taylor, Madame Pompidou – alle spazierten in den bequemen *tailleurs* übers gesellschaftliche Parkett und durch Hollywoodfilme. Marylin Monroe äußerte frivol, im Bett trage sie nichts anderes als Chanel N° 5.

Coco Chanel lebte bis zu ihrem Tod mit 87 Jahren im *Hôtel Ritz*. Ihre Überreste ruhen in einer von ihr selbst beauftragten Marmorgruft in Lausanne, die von fünf Löwenköpfen geschmückt wird. Ihre allerletzte »große Liebe« galt ihrem dreißig Jahre jüngeren Butler François Mironnet, ihrem ständigen Begleiter seit 1962, dem sie ein ansehnliches Erbe versprochen hatte – das er dann allerdings einklagen musste. Tiny erbte große Teile des Imperiums Chanel. Baron von Dincklage starb drei Jahre nach Chanel unweit des Obersalzbergs im Berchtesgadener Land.

Pariser Schauplätze

Boutique Chanel Cambon, 31, Rue Cambon, Métro Concorde • Ritz Comptoir und Ritz Bar, 39, Rue Cambon, Métro Concorde • Hôtel Ritz, 15, Place Vendôme, Métro Tuileries

Surreale Liaison
Meret Oppenheim und Max Ernst

Die Freiheit wird einem nicht gegeben,
man muss sie nehmen.
Meret Oppenheim, Basler Rede 1975

Es sind zwei leuchtende Sterne am Kunsthimmel des 20. Jahrhunderts, die sich irgendwann im nasskalten Dezember 1933 in Paris in die Arme fallen. Sie sehr viel jünger, schön, talentiert, er erfolgreich und lebenserfahren. Auch nach einem knappen Jahr der Liaison sind sie noch so verliebt wie anfangs – bis etwas Eigenartiges passiert. Bei einem Treffen in einem Café erklärt die junge Frau »aus heiterem Himmel, auch aus dem heiteren Himmel meiner Liebe zu ihm: ›Ich will dich nicht mehr sehen.‹« Es sei aus und vorbei – »fertig«. Er glaubt ihr nicht, auch sie ist verzweifelt: »Für mich selbst war es auch wie das Hereinbrechen einer Naturkatastrophe. Viele Jahre später habe ich dann begriffen, dass es mein Instinkt war.« Liebe, Trennung, Instinkt – was ist das für eine Geschichte?

Paris ist zu dieser Zeit ein internationaler Schmelztiegel diverser Strömungen der Avantgarde. Wer etwas auf sich hält, kommt in dieses Mekka der Bildenden Kunst. In der Szene kennt man sich, Newcomer finden schnell Anschluss. So kommt es, dass die junge Schweizerin

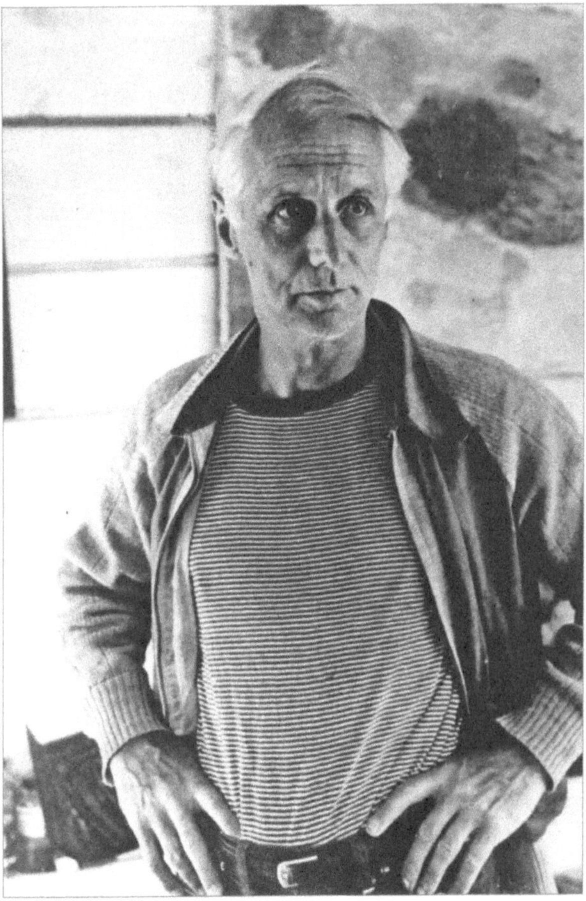

»Meretli, liebstes, liebstes mir …«
Max Ernst (1891–1976), hier Mitte der 1940er-Jahre

Meret Oppenheim und der Deutsche Max Ernst sich bei einem Fest des Basler Malers Hans Rudolf Schiess oder im Atelier des Basler Künstlers Kurt Seligmann, wahrscheinlich aber bei einer Sommerparty im Garten des Künstlerpaars Hans Arp und Sophie Taeuber-Arp kennen lernen.

Wo auch immer sie sich erstmals begegnet sind, »es entstand auf beiden Seiten eine leidenschaftliche Liebe«, erinnert sich Meret in ihrem 1958 entstandenen autobiografischen Collage-Journal *My Album*. Die Affäre Oppenheim-Ernst und vor allem die Trennung entfaltet eine katalysatorische Wirkung auf Meret Oppenheims künstlerische Entwicklung und markiert eine intuitiv vorgenommene und erst viel später rational erklärte Weichenstellung für ihr Schaffen. Hätte Meret Oppenheim als bedeutende Künstlerin nicht ein Werk mit ikonischen Stücken geschaffen, das im Surrealismus wurzelt, sich davon lösend jedoch eine Verbindung zur Nachmoderne spannt – dann wäre die Liebelei eines Künstlers von Weltrang mit einer Kunstadeptin vermutlich unspektakulär. Tatsächlich erwähnt kaum ein Biograf von Max Ernst die Episode überhaupt; offenbar hatten sie genug damit zu tun, seine vier Ehen und seine Beziehungen mit prominenten Frauen wie Gala Éluard, der späteren Gala Dalí, und Leonora Carrington zu rekapitulieren. Meret Oppenheims Biografen dagegen billigen der Affäre einen wichtigeren Stellenwert zu.

Als Max Ernst sich 1922 entschloss, von Köln nach Paris überzusiedeln, war er mittellos und musste sich zwei Jahre lang mit Fabrikarbeit über Wasser halten. In Deutschland ließ er seine erste geschiedene Ehefrau, die Malerin Luise Straus-Ernst, seinen Sohn Jimmy, die junge rheinische Kunstszene Bonn und die Kölner Dadaisten zurück, deren Mitstreiter er gewesen war. Schon 1920 hatten seine experimentellen Collagen als Teil einer Ausstellung in der Pariser Galerie Au Sans Pareil Furore gemacht. Zeitgenössische Literaten wie Louis Aragon, André Breton und Tristan Tzara bewerteten Ernsts Werke als Geburtsstunde des Surrealismus. Anfangs lebte er bei dem Schriftsteller Paul Éluard. Dieser bot Max Unterkunft, lieh ihm seinen Pass, kaufte ihm ein paar Werke ab. Pauls Frau Gala unterhielt mehrere Jahre eine Liebesbeziehung mit Max. Ab 1923 gab Paul Max auch in seiner Landvilla in Eaubonne Quartier, der Gast dankte es ihm mit erotischen Wand- und Türgemälden, die André Breton als »grausige Scheußlichkeiten« bezeichnete. Paul, Gala und Max waren lange in eine komplizierte *ménage à trois* verstrickt.

1924 und 1930 erscheinen die *Surrealistischen Manifeste* von André Breton – die namensgebende intellektuelle Bibel des literarischen und künstlerischen Surrealismus: »Ich glaube an eine Verschmelzung von sich widersprechenden Zuständen, Wirklichkeit und Traum, in einer Art absoluter Realität, einer Surrealität.« 1925 entdeckt Max Ernst die künstlerische Technik der chinesischen Steinfrottage für sich und mietet sich sein erstes eigenständiges Atelier im *Künstlerhaus Les Fusains* am Montmartre. Zuvor hatte er im Rheinland sämtliche Werke, die noch in Deutschland lagerten, an eine Düsseldorfer Kunsthändlerin verkauft. 1926 löste Ernsts Gemälde *Die Jungfrau Maria züchtigt das Jesuskind vor drei Zeugen: André Breton, Paul Éluard und dem Maler* einen Skandal in katholischen Kreisen auf beiden Seiten des Rheins aus – und steigerte Ernsts Bekanntheitsgrad.

In den folgenden Jahren arbeitete er teils allein, teils an Gemeinschaftsprojekten mit Joan Miró, Luis Buñuel, Salvador Dalí und Alberto Giacometti, präsentierte seine Werke in den surrealistischen Pariser Ausstellungen, erlebte seine erste Einzelschau in New York, heiratete Marie-Berthe Aurenche und zog mit ihr in eine großzügige *Atelierwohnung in der Rue des Plantes* im Künstlerviertel Montparnasse. Marie-Berthe zeigte sich Ernsts »anderen Frauen« gegenüber tolerant, verstand sich gut mit seinem Sohn Jimmy und war im Freundeskreis der Surrealisten beliebt. Ernst-Biografen charakterisierten sie als »anstrengend«, weil zeitweise depressiv. Die Ehe hielt bis 1936, Max Ernsts Bindung an den surrealistischen Freundeskreis bis 1938.

Meret Oppenheim wuchs in Steinen bei Lörrach, in Basel und im Berner Jura in einem bildungsbürgerlichen Milieu auf. Der Vater war Arzt und mit dem Psychoanalytiker C.G. Jung befreundet. Lisa Wenger, die Großmutter mütterlicherseits, war in ihrer Zeit eine der meistgelesenen Schweizer Schriftstellerinnen, sie hatte an der Düsseldorfer Kunstakademie als einzige Frau Malerei studiert und zeitweise ebenfalls in Paris gelebt. Merets Tante Ruth Wenger war einige Jahre mit Hermann Hesse verheiratet.

Noch vor dem Abitur, im Frühjahr 1932, verlässt Meret Oppenheim die Schule und reist mit der Malerin Irène Zurkinden nach Paris, wo die beiden als Erstes in das legendäre *Künstlercafé du Dôme* marschieren, bevor sie mehrere trostlose Unterkünfte und Ateliers ausprobieren und sich schließlich in der *Rue Delambre* niederlassen. Irène erinnert sich: »Das Dôme war ein Café wie ein Honigbau, da saßen sie alle wie Wespen und Bienen und waren glücklich. Und ich habe Meret Giacometti vorgestellt, von da an lief alles leicht.« Hin und wieder, »manchmal, wenn mir mein Vergnügungsleben Zeit ließ«, besucht Meret die Académie de la Grande Chaumière, lernt Aktzeichnen. Das Nachtleben, die aufregenden Begegnungen faszinieren sie: »Während all dieser ersten Pariser Jahre wurde die Nacht zum Tag gemacht. Am Tag wurde geschlafen, bis nachmittags.« Rasch findet sie Anschluss an Schweizer Maler und den Freundeskreis der Surrealisten, die sich im *Café de la Place blanche* um André Breton scharen. Irène Zurkinden berichtet, Meret sei bei den Surrealisten »sehr schnell wie eine Brieftaube im richtigen Taubenschlag gelandet«. Farbig schildert sie ihre Gefühle: »Wenn Meret und ich den Boulevard Raspail herunterliefen, beide lang und schmal, sie in einem rostroten Tailleur und ich in einem grauen mit einer langen Feder auf dem Hütchen, fühlten wir uns eindeutig wohler als auf dem Marktplatz von Basel.«

Nach einer kurzen Rückkehr zu den Eltern zieht Meret Oppenheim ganz nach Paris, wohnt von Herbst 1932 bis Mitte 1933 im *Hôtel Odessa*, wo sie Gedichte schreibt und ihr erstes Ölbild malt, und findet schließlich ein *Wohnatelier in der Avenue de Châtillon*. Nun beginnt sie, ernsthaft zu arbeiten. Eines ihrer ersten Stücke ist *Das Ohr von Giacometti* aus Wachs, ein anderes die *Sitzende Figur mit verschränkten Händen*. Der Schweizer Bildhauer Alberto Giacometti, damals noch nicht weltberühmt für seine langen, schlanken Figuren, nimmt sie unter seine Fittiche. »Daraufhin wurde ich eingeladen, mit den Surrealisten auszustellen, im November 1933.« Welch ein Erfolg für eine Anfängerin! Sie darf erstmals und dann bis 1937 jedes Jahr am *Salon des Surindépendants* teilnehmen, drei Bilder von ihr sind in einem Extrasaal neben Exponaten von »den besten Malern« ausgestellt, wie sie ihrer Mutter stolz berichtet: Joan Miró, René Margritte, Hans Arp, Alberto Giacometti, Man Ray, Salvador Dalí, Max Ernst, Valentine Hugo, Yves Tanguy und Wassily Kandinsky.

In dieser Zeit beginnt ihre Affäre mit Max Ernst, über deren Verlauf wenig bekannt ist. Einmal kam es offenbar zu einer »blödsinnigen Eifersuchtsgeschichte«, wie Meret der Mutter schreibt: »Ein vollkommen verrücktes Mädchen wollte mich versuchen zu verklagen; es ist aber wieder gut, sie hat mich zum Nachtessen eingeladen. Ich habe abgesagt …« Vermutlich handelte es sich um Max Ernsts Ehefrau Marie-Berthe Aurenche.

Zum Jahreswechsel 1933/34, den Meret bei ihrer Familie in Steinen verbringt, schreibt Max Ernst dem »Meretli, liebstes, liebstes mir« viele feurige Liebesbriefe voller Sehnsucht und Ungeduld: »Es wird mir täglich mehr bewusst, wie sehr ich dich jetzt liebe und wie du mir zum Leben ganz unentbehrlich bist und immer mehr wirst. Eines nur möchte ich nicht verstehen: dass du manchmal ein wenig traurig bist ›wegen dir‹. Wieso ›wegen dir‹. Du bist schön, Meretli, und in jeder Hinsicht wundervoll.« Merets Briefe sind leider nicht erhalten. Ihr »Wegen mir« erscheint dem verliebten Mann ganz unverständlich – seine Geliebte ist eine Schönheit, was erwartet sie mehr! Schon in diesen ersten Wochen einer entflammten Leidenschaft klingt offenbar auf Merets Seite ein Unbehagen an, das letztlich zur späteren Trennung führen wird. Einstweilen bleibt es dabei, sie sind ein Paar. Sie schenken sich gegenseitig Bilder und Objekte. Für Meret beginnt eine kreative Phase, in der ihr bedeutendes künstlerisches Frühwerk entsteht und in der sie die meisten ihrer deutsch- und französischsprachigen Gedichte verfasst. Im Sommer 1934 begleitet sie Max Ernst ins Tessiner Dorf Comologno, wo sie wahrscheinlich im Palazzo della Barca wohnen, in jener Zeit ein Zufluchtsort für Künstler und Antifaschisten.

Auch der amerikanische Avantgardekünstler Man Ray entdeckte »das schöne junge Mädchen«, für ihn »eine der am wenigsten gehemmten Frauen, die mir je begegnet sind«. Seine Fotografien mit dem nackten Modell Meret gingen in die Kunstgeschichte ein, vor allem das Foto, auf dem sie an einer Kupferdruckpresse im Atelier des kubistischen Malers Louis Marcoussis posiert, mit geschlossenen Augen, den linken Arm mit Druckerschwärze beschmiert. Diese Aufnahme und andere Aktfotos von Meret Oppenheim prägten nachhaltig ihr Image als »Muse der Surrealisten«, obwohl Kritiker auf »ein verstecktes Moment der Selbstinszenierung« des Modells hinwiesen. Meret selbst erklärte im Rückblick, die Aktion habe ihrem »revolutionären und antibourgeoisen Temperament« entsprochen.

Oftmals Kopfzerbrechen bereitete ihr das Image als Muse, ein Etikett, das ihr lebenslang anhing. Die meisten Surrealisten betrachteten und verherrlichten Frauen vorrangig als erotische Objekte, als Projektionsfläche ihrer Fantasien und als Inspirationsquelle. Bestenfalls wurde Oppenheim selbst als surrealistische Künstlerin katalogisiert, eine weitere Festlegung, gegen die sie sich vehement wehrte. Natürlich genoss die junge Frau in Paris das konventionsarme Ambiente in einem Kreis arrivierter Avantgarde-Künstler, deren Werke sich weltweit verbreiteten. Auch sie war zunächst Teil dieser Kunstströmung.

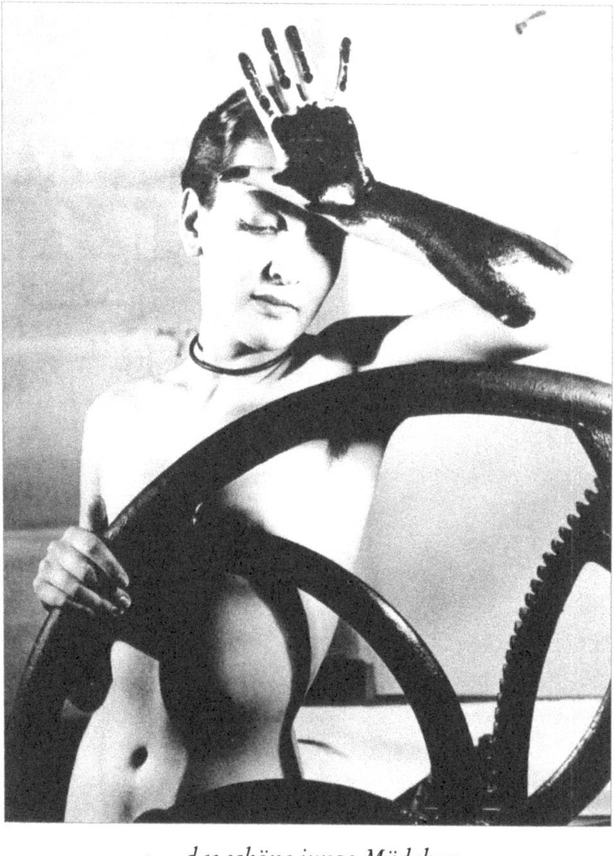

»… das schöne junge Mädchen«
Meret Oppenheim (1913–1985), von Man Ray 1933 nackt an einer Kupferdruckpresse im Atelier des kubistischen Malers Louis Marcoussis aufgenommen

Dann aber verfolgte Meret Oppenheim als Freigeist mit ›surrealen‹ Fähigkeiten unbeirrt und aus innerer Notwendigkeit ihren künstlerischen Weg. Vollkommen eigenständig bewegte sie sich in einer Welt des Traums und der unbewussten Wahrnehmung, entfremdete Alltagsgegenstände von ihrer Funktion und veränderte mit scheinbar abstrusen Kompositionen den Blick der Betrachter auf die Realität. Nie ließ sie sich methodisch festlegen und auf ein Formenprogramm einschwören. »Man weiß nicht, woher die Einfälle einfallen; sie bringen ihre Form mit sich; so wie Athene behelmt und gepanzert dem Haupt des Zeus entsprungen ist, kommen die Ideen mit ihrem Kleid.« Als junge Frau empfand sie ein starkes Selbstvertrauen, das erst in einer späteren Phase ins Wanken geriet. In einem Interview des Schweizer Fernsehens DRS im Jahr 1983 rekapitulierte Oppenheim ihre Haltung: »Ich habe immer einfach das gemacht, worauf ich Lust hatte, … mich festzulegen auf einen bestimmten Stil, das hätte mich zu Tode gelangweilt.«

Meret Oppenheim war nicht die einzige Künstlerin, die sich aus ihrer »Weiblichkeit als Muse für den männlichen Blick« (Nastasja Dresler) zu lösen versuchte – es gab Valentine Hugo, Leonor Fini, Leonora Carrington, Dora Maar, Dorothea Tanning, Lee Miller und andere. Oppenheim wurde hierzu deutlich: »Es ist sowieso schwierig, Künstler zu sein, aber für eine Frau sind die Schwierigkeiten doppelt so groß. … Eine Frau darf … keine aggressiven Ideen äußern, und jedes neue Bild, jede künstlerische neue Sprache darf ja nicht aggressiv sein, wenn's eine Frau macht … Und das, was jeder Künstler natürlich muss, ist neue Gedanken formulieren, und die neuen Gedanken sind eben aggressiv.«

Als Meret Oppenheim im Spätsommer oder Herbst 1934 Max Ernst »aus heiterem Himmel« die Beziehung kündigte, »war er völlig konsterniert und schwer verletzt. Obwohl ich ihm versicherte, es sei nicht eines anderen Mannes wegen, hat er mir das nicht geglaubt.« Unbewusst spürte sie »eine drohende Gefahr, die mich von Max Ernst, den ich heiß liebte, fortgerissen hatte … Ich stand am Anfang meiner künstlerischen Entwicklung. Ein weiteres und immer engeres Zusammenleben mit … einem fertiggebildeten, über vierzigjährigen Künstler, hätte mich … gehindert, meine eigene Persönlichkeit zu bilden. Es wäre das Ende dessen gewesen, was ich als mein in der Zukunft zu realisierendes Werk voraussah.« Zum Abschied schenkt die Künstlerin ihrem Liebsten das Ölbild *Husch, husch, der schönste Vokal entleert sich. M. E. par M. O.* Es ist eine Hommage an den Geliebten, das Pendant zum gleichnamigen Gedicht, in dem es um die Wandlungen in der Liebe geht.

Max Ernst litt »an tiefem Liebeskummer«, berichtet sein Biograf Patrick Waldberg, »da das geliebte Wesen sich ihm versagte, ihn jedoch ständig anlockte«. Waldberg zeichnet ein unverschämt machohaftes Bild der mit »bestrickendem Zauber« ausgestatteten schönen Geliebten »im Glanz einer jungen Venus«. Man Rays Fotografien seien der Beweis. Dank einer Mischung »von Kindlichkeit und ganz bewusster Weiblichkeit« habe sie »den Verführer Max Ernst in seiner eigenen Falle gefangen und mit ihm ein grausames Spiel betrieben – um schließlich als Siegerin aus einem Duell hervorzugehen, in dem viele andere eine Niederlage erlitten haben.« 1978 verfasst Meret Oppenheim eine Richtigstellung dieser »verleumderisch wirkenden Sätze«. Max Ernst habe ihre Beweggründe für die Trennung nie akzeptiert und verstanden. »Nichts traf auf mich weniger zu als diese alten Clichés … das Bild, das Patrick Waldberg von der jungen Meret Oppenheim zeichnet, als launischer Vamp, ist absolut falsch und für mich beleidigend.«

Max Ernst und Meret Oppenheim verleben nach ihrer Affäre schwere Jahre. Max Ernst trennt sich 1936 von Ehefrau Marie-Berthe Aurenche, verlässt 1937 die Gruppe der Surrealisten, im selben Jahr erklären die Nationalsozialisten seine Kunst für ›entartet‹. Zu Kriegsbeginn wird er in Frankreich als ›feindlicher Ausländer‹ mehrfach interniert, flieht 1941 unter großen Schwierigkeiten in die USA, heiratet zunächst die Kunstmäzenin Peggy Guggenheim und 1946 die Künstlerin Dorothea Tanning. Er wird berühmt, nimmt 1948 die amerikanische und 1958 die französische Staatsbürgerschaft an, lebt bis zu seinem Tod in Paris und erhält 1976 ein Grab auf dem Prominentenfriedhof *Père Lachaise*.

Meret Oppenheim erlebt 1936 ihre erste Einzelausstellung in der Basler Galerie Maison Schulthess. Ihre Freundschaft mit Surrealisten, die Fotos von Man Ray und ihr Frühwerk, besonders ihre von Picasso und Dora Maar inspirierte berühmte Pelztasse *Le déjeuner en fourrure* gelten als Ikonen des Surrealismus. 1936 verlassen ihre Eltern Deutschland und können sie nicht mehr unterstützen. Der deutsch-jüdische Vater darf in der Schweiz nicht als Arzt praktizieren, die Mutter, Schweizerin, ist nur knapp der Verhaftung entgangen, weil sie ein Hitlerbild angespuckt hatte. Meret entwirft in Paris Schmuck für die Haute Couture, zum Beispiel mit Pelz überzogene Metallarmbänder. 1937 kehrt sie nach Basel zurück, besucht die Kunstgewerbeschule und

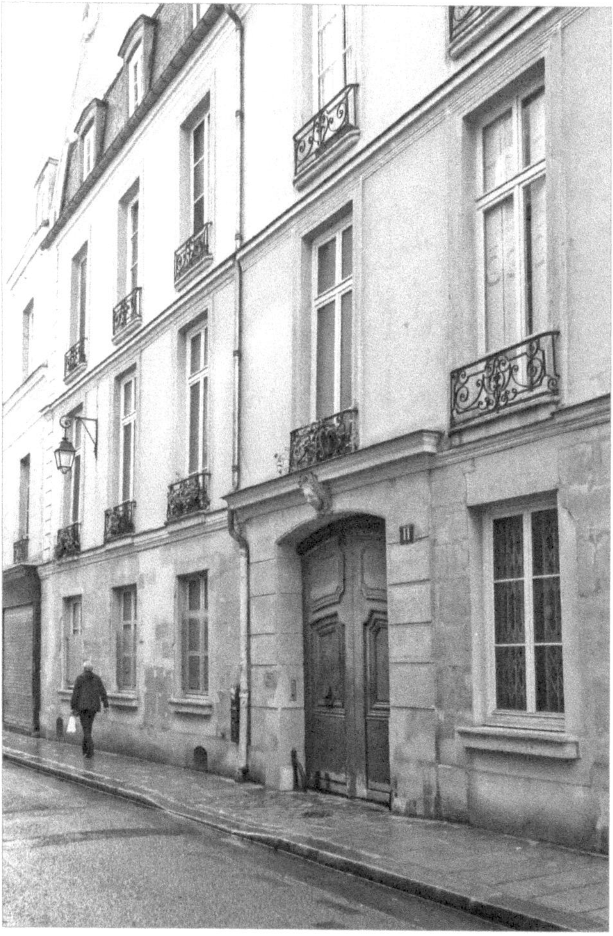

In diesem Haus Rue Beautreillis Nummer 11 konnte sich Meret Oppenheim ab 1972 neben ihrem Basler Atelier eine zweite Arbeitsstätte leisten.

absolviert eine Ausbildung zur Gemälderestauratorin. 1939 steuert sie Exponate für eine Pariser Surrealismus-Ausstellung bei. 1949 heiratet sie den Chemielaboranten Wolfgang La Roche und zieht nach Bern. Sie leidet unter einer langen Schaffenskrise, die erst 1954 endet. 1967 findet in Stockholm die erste Retrospektive ihres Werks statt. Den Kontakt mit André Breton, Max Ernst und der surrealistischen Szene bricht sie nie ab. Ihre schöpferische Kraft, fern jeder Mode immer Neues zu kreieren, macht sie zum Vorbild jüngerer Künstlerinnen und Künstler. 1972 richtet Meret sich in Paris in der Rue Beautreillis ein zweites Atelier ein, 1975 erhält sie als erste Frau den Basler Kunstpreis, doch erst in den 1980er-Jahren verblasst ihr Klischee-Image als Surrealistin.

Epilog. Zwischen 1935 und 1942 pflegte Meret Oppenheim eine Liebesbeziehung mit dem Surrealisten und Konzeptkünstler Marcel Duchamp, die sie streng geheim hielt und die erst viele Jahre nach ihrem Tod mit Erscheinen ihrer Korrespondenzen publik wurde. In Paris schicken sie sich Briefe per Rohrpost, verabreden sich unter anderem im *Le Select*. Nur seine Briefe sind erhalten, ihre gingen verloren. Sie zeugen von einer tiefen Übereinstimmung und Freundschaft auf Augenhöhe. Er hilft ihr, eine Stelle als Restauratorin zu finden, sie vermittelt ihm potenzielle Käufer und schickt ihm Schweizer Schokolade. Den Jahreswechsel 1941/42 verbringen sie gemeinsam in Genf, im April nimmt sie ihn mit nach Klingental zum Familienhaus der Oppenheim-Wengers. Im Mai 1942 emigriert Duchamp über Casablanca in die USA. Aus New York schickt der Fürsorgliche ihr Seidenstrümpfe.

Pariser Schauplätze

Künstlerhaus Les Fusains, 22, Rue Tourlaque, Métro Lafourche • 26, Rue des Plantes, Métro Alésia • Café du Dôme, 108, Boulevard du Montparnasse, Métro Notre-Dame-des-Champs • Café Blanche, 79, Rue Blanche, Métro Blanche • 33, Rue Delambre (heute Hôtel des Bains), Métro Edgar Quinet • Hôtel d'Odessa, 28, Rue d'Odessa, Métro Edgar Quinet • 44, Rue de Châtillon, Métro Alésia • Brasserie Le Select, 99, Boulevard du Montparnasse, Métro Vavin • 11, Rue Beautreillis, Métro Sully-Morland • Friedhof Père Lachaise, Rue des Rondeaux, Eingang Porte Gambetta, Division 87, Métro Gambetta

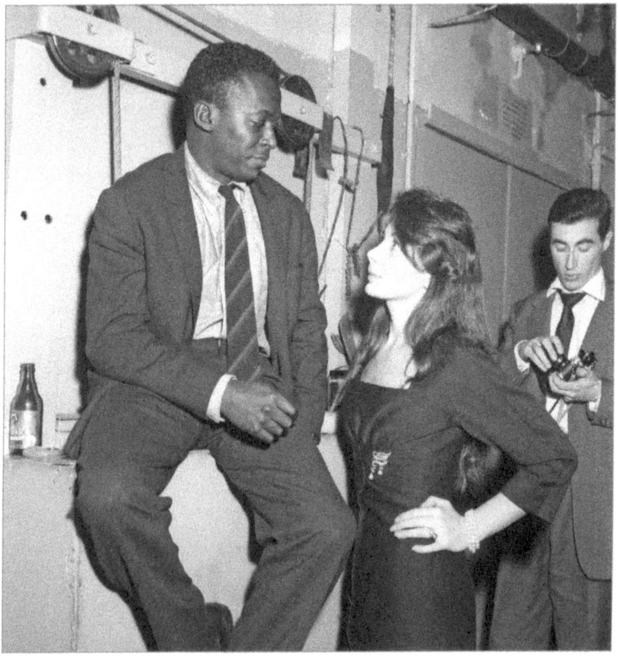

»Sein Gesicht war von einer
außergewöhnlichen Schönheit.«
Miles Davis (1926–1991) und Juliette Gréco (1927–2020),
Backstage in der Salle Pleyel 1949

Muse und Coolman
Juliette Gréco und Miles Davis

In jener Zeit war das Leben viel schöner
und die Sonne brannte heißer als heute. …
Jacques Prévert: »Les feuilles mortes«

Zwei junge Menschen Anfang zwanzig kurz nach einem Weltkrieg, beide Nischenstars einer spezifischen Musikszene, beide nicht ahnend, an der Schwelle einer Weltkarriere zu stehen, beide sensibel und sinnlich, beide eher Bauch- als Kopfmenschen, beide unentwegt neuen Impulsen nachspürend. Der Trompeter Miles Davis und die Chansonsängerin Juliette Gréco wurden von ihren jeweiligen Fangemeinden sehr rasch und dauerhaft als Traumpaar idealisiert, wozu die Aura der Pariser Intellektuellen- und Künstlerszene im Viertel Saint-Germain-des-Prés erheblich beitrug. Und das kam so:

Elf amerikanische Jazzmusiker folgten im Mai 1949 einer Einladung aus Paris, am legendären *Festival International 1949 de Jazz* teilzunehmen. Neben einigen bekannten Wegbereitern des den Swing ablösenden Bebop-Stils wie dem Altsaxophonisten Charlie ›Bird‹ Parker, dem Schlagzeuger Kenny Clarke, dem Pianisten Tadd Dameron und dem Tenorsaxophonisten James Moody unternahm auch ein junger Jazz-Trompeter namens Miles Davis seine erste Europareise. Der 23-Jährige hatte erste Plattenaufnahmen eingespielt und galt als Hoffnungsträger des Modern Jazz. Tadd Dameron bezeichnete ihn als »fortschrittlichsten Musiker unserer Zeit«. Parker und der Sopransaxophonist Sidney Bechet wirkten als Publikumsmagneten des Festivals. Miles stand an mehreren Tagen neben Bird auf der Bühne der Salle Pleyel, dem damals einzigen symphonischen Konzertsaal der französischen Hauptstadt. *Tout Paris* lag ihnen zu Füßen. Der Applaus berauschte Miles, dieser erste internationale Erfolg stachelte seine Energie an, sodass er sein Instrument noch vollendeter, noch hitziger spielte, ihm lyrische und tiefgründige Töne entlockte und seine Bandkollegen zu Höchstleistungen mitriss. Niemals war Miles derart vom Publikum verwöhnt, von den Kritikern für seine »virtuose Präsenz« in den Himmel gehoben worden. Pariser Radiojournalisten jagten seine Musik rund um die Uhr durch den Äther und interviewten ihn zwischendurch. Miles Davis schwamm auf einer Welle des Glücks. »Der Trip veränderte meine Lebenseinstellung grundlegend. Ich liebte Paris und die Art, wie die Leute mich dort behandelten. Ich hatte mir ein paar neue Anzüge machen lassen, ich war also top, Mann.« Er erinnert sich: »Ich war noch nie so glücklich in meinem Leben … Ich lebte. Ich verliebte mich in Juliette.«

Juliette erinnert sich so: »Ich sah ihn zum ersten Mal von der Seite in den Kulissen. Miles ähnelte einer ägyptischen Statuette, die Trompete spielt. Vollkommen erhaben. Sein Gesicht war von einer außergewöhnlichen Schönheit. Es schien wie in Marmor gemeißelt. Ich war fasziniert.« Zu diesem Konzertabend in der Salle Pleyel begleitete Juliette Gréco ihre Freundin Michelle Vian, Übersetzerin und erste Ehefrau des Skandalschriftstellers und Jazzliebhabers Boris Vian, der zum engsten Kreis der Pariser Existenzialisten um Jean-Paul Sartre gehörte und selbst Trompete spielte. Michelle stellte Juliette und Miles einander vor. »Er schaut mich an, ich schaue ihn an.« Nach dem Konzert geht die Pariser Clique mit einigen Musikern in ein griechisches Restaurant essen. Schnitt zum nächsten Morgen: »Wir spazieren am Ufer der Seine entlang. Hand in Hand. Ich spreche kein Englisch, was schlecht ist, und er spricht kein Französisch, was vollkommen egal ist. Wir lieben uns. Einige Wochen später fährt er zurück in die Vereinigten Staaten.« So weit Juliettes lakonischer Bericht.

In der Autobiografie des Amerikaners findet sich eine andere Version: »Ich traf Juliette bei einer unserer Proben. Sie kam rein, setzte sich und hörte zu. Ich wusste nicht, dass sie eine berühmte Sängerin war. Sie sah nur toll aus, wie sie dasaß – langes, schwarzes Haar, ein wunderschönes Gesicht, schmal, stilvoll, so anders als die Frauen, die ich kannte.« Juliettes Berühmtheit beschränkt sich zu diesem Zeitpunkt allerdings auf Auftritte in einigen Bars und Clubs, ihre erste Schallplatte – damals noch eine mit 78 Umdrehungen – kam erst 1950 heraus und enthielt drei Titel. Miles erkundigt sich also bei einem Kumpel, wer die Schöne ist. Dieser sagt, vermutlich abfällig: »Sie ist eine von diesen Existenzialisten.« Typisch für Davis ist, dass ihn das nicht schert. Er antwortet im Selbstbewusstsein einer überlegenen Männlichkeit, die Frauen nicht anhand ihrer Tätigkeit oder ihres Selbstverständnisses betrachtet: »Mann, scheiß drauf. Es ist mir egal, was sie ist. Das Mädchen ist schön und ich will sie kennenlernen.« Er pfeift auf Konventionen. »Als sie das nächste Mal bei den Proben auftauchte, winkte ich ihr mit dem Zeigefinger und sie kam zu mir. Als wir endlich miteinander redeten, sagte sie, dass sie eigentlich keine Männer mag, aber dass ich ihr gefiel. Danach waren wir unzertrennlich.« Erstaunlich an der letzten Bemerkung ist das ›Reden‹ – in welch nonverbaler Gestik mag Juliette ihrem Schwarm mitgeteilt haben, dass sie »eigentlich« kein Interesse an Männern hat?

Juliette Grécos erste Autobiografie trägt den Titel *Jujube*. Die Figur der Jujube verkörpert das verborgene Ego der Sängerin Gréco, ein kleines Mädchen, »verletzlich, aber unangreifbar, intakt«, das einst vergeblich um die Liebe seiner Mutter buhlte. Dieser erste Lebensbericht der Sängerin stiftet bewusst Verwirrung, denn er wechselt häufig übergangslos die Erzählperspektive zwischen der natürlichen Person Jujube und der öffentlichen Figur Gréco. Den Großteil ihrer Kindheit verbrachte Juliette behütet in der Dordogne bei den Großeltern; sie war ein verträumtes, fantasievolles Kind, das sich immer ein wenig abseits hielt. Die Mutter hatte den gewalttätigen Vater, einen korsischstämmigen Polizisten, zwar früh mit ihren Töchtern verlassen, brachte aber selbst wenig Interesse für die Kinder auf. Sie engagierte sich in der Résistance und wurde samt Kindern verhaftet. Nach dem Krieg arbeitete sie freiwillig für den Marinerettungsdienst in Indochina – wieder ein Kriegsschauplatz. Die Mädchen blieben auf sich selbst gestellt in Paris zurück.

Als die 16-jährige Juliette 1943 nach vierwöchiger Haft im berüchtigten Nazi-Folter-Gefängnis Fresnes mutterseelenallein in dünnem Kleidchen auf der Straße stand, heimat- und mittellos, nur im Besitz eines einzigen Métrotickets, entsann sie sich ihrer früheren Französischlehrerin Hélène Duc. Diese war mittlerweile Theaterschauspielerin und wohnte in einer Pension in der *Rue Servandoni* nördlich vom Jardin du Luxembourg. Auch für Juliette fand sich dort ein Zimmer, jedoch nichts zum Anziehen. Deshalb borgte sie sich die schwarzen Pullover und Hosen der männlichen Studenten, welche die Pension bevölkerten, dazu Römersandalen. So entstand ihr eigenwilliges Outfit – und unfreiwillig eine neue Mode, die sich rasant unter europäischen Teens und Twens als ›Existenzialistenschwarz‹ verbreitete. Die blasse, magere, schwarzhaarige Schönheit mit hohen Wangenknochen, kajalschwarz umrandeten Augen, glatter Ponyfrisur und tiefer, warmer Stimme blieb bei ihrem burschikosen Kleidungsstil mit schwarzem Rollkragenpullover und Jodpur-Reithose. Schon als sehr junge Frau umgab sie eine Aura des Unnahbaren. 1945 zog Juliette mit ihrer älteren Schwester Charlotte, die mit der Mutter das Konzentrationslager Ravensbrück überlebt hatte, zunächst in ein Zimmer im damals günstigen *Hôtel Pont-Royal*, heute ein gediegenes Fünf-Sterne-Haus. Es waren ärmliche Zeiten. Juliette wanderte von Absteige zu Absteige, ernährte sich mehr schlecht als recht von Statistenauftritten und kleinen Theaterrollen, rezitierte zeitgenössische Gedichte im Radio und bekam schließlich die Hauptrolle in einer Hörspielserie. Dieser Job ermöglichte es ihr, in besseren Hotels zu logieren. Im *Hôtel La Louisiane* bezog sie Sartres ehemalige »Schreibhöhle« Zimmer 10, das sogar über ein Badezimmer verfügte, dessen Wanne Juliette großzügig jedem Hygienebedürftigen unter ihren Freunden zur Verfügung stellte.

Eines Abends im Februar 1946 wird Juliette, auf einem hohen Hocker an der Theke der Kellerbar des

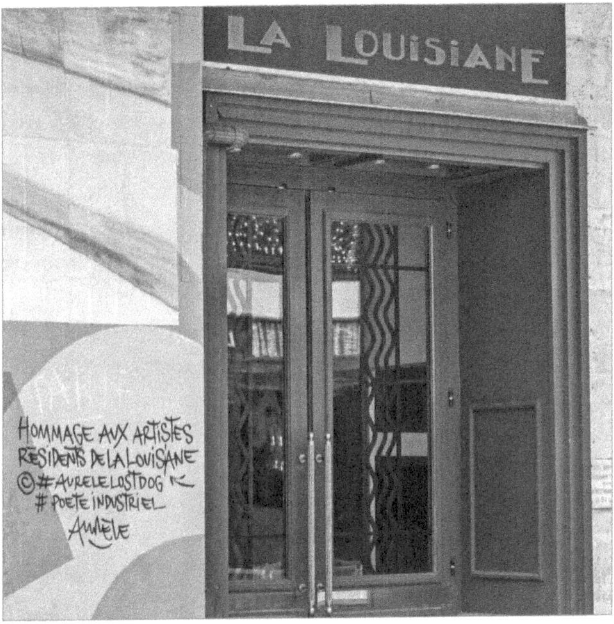

Jean-Paul Sartre und Simone de Beauvoir wohnten jahrelang im Hôtel La Louisiane. Juliette Gréco übernahm später Sartres Zimmer.

Hôtel Pont-Royal sitzend, von dem wesentlich älteren Philosophieprofessor Maurice Merleau-Ponty angesprochen. »Ich, die ich mit vierzehn Jahren die Schule verlassen habe, hänge an seinen Lippen. Das Bistro wird meine Universität«, schildert Juliette die Episode in ihrer zweiten Autobiografie *So bin ich eben*. Der Professor und die junge Frau tanzen beide leidenschaftlich gern, und so ziehen sie zusammen um die Häuser, feiern in den angesagten Musikkneipen und genießen das wieder aufblühende Pariser Nachtleben. Merleau-Ponty führt Juliette in den Inner Circle des intellektuellen französischen Zentrums der frühen Nachkriegszeit ein, der Sartre-de-Beauvoir-Gruppe. Quasi über Nacht wurde Juliette Gréco als Küken in den Kreis um Jean-Paul Sartre, Simone de Beauvoir, Albert Camus, Boris und Michelle Vian, Jacques-Laurent Bost aufgenommen. Ihre Freundin, die Dichterin Anne-Marie Cazalis, und sie galten bald schon als »Musen der Existenzialisten«. Die Literaten und linkspolitischen Denker bildeten eine Art Café-Kommune ohne festen Wohnsitz, die sich ununterbrochen über die Grundbedingungen menschlichen Daseins, die menschliche Natur und vor allem über den existenzialistischen Freiheitsbegriff die Köpfe heiß redeten, Zeitschriften redigierten und Romane, Essays, Dramen, Gedichte und Abhandlungen verfassten, welche im Olymp der Literaturgeschichte ihren Platz fanden.

Bald schon ist Juliette auch Stammgast im *Caveau des Lorientais*, ein Kellerclub, in dem am frühen Abend Jazzmusiker auftreten. Ab 1947 bot der verrauchte Kellerclub *Le Tabou*, heute das schicke *Jazz-Café Laurent*, den älteren Existenzialisten und der unbeschwerten Pariser Jeunesse eine nächtliche Heimat. Boris Vian spielte hier als Teil einer kleinen Band auf der Trompete. Allerdings entwickelte sich das Tabou bald schon zum Schickeriatreff und *la Gréco* aufgrund ihrer steigenden Bekanntheit zum Zooaffen, den man gesehen haben musste. Die Clique zieht in den neuen *Club Saint-Germain* um, der sich rasend schnell zu einem der bedeutendsten europäischen Jazzclubs der Fünfziger- und Sechzigerjahre entwickelte. Alle Großen gastierten dort, natürlich auch Miles Davis.

Übereinstimmend würdigen alle Quellen zum Leben und Werk der Sängerin Juliette Gréco Jean-Paul Sartre als *den* Impulsgeber ihrer Karriere. Irgendwann im Frühjahr 1949, auf dem Rückweg von einem gemeinsamen Abendessen in einem Restaurant auf dem Montmartre, in das Sartre einige Freunde eingeladen hat, passiert es. »Plötzlich dreht sich der Philosoph um und fragt mich: ›Gréco, wollen Sie nicht singen?‹ – ›Nein, das habe ich nicht vor‹, antworte ich wie aus der Pistole geschossen.« Juliette fühlt sich unmusikalisch, und die Radioschlager mag sie sowieso nicht. Stattdessen bewundert sie die jüdische Kabarettistin Agnès Capri. Sartre versteht die Ansage auf seine Weise und übergibt Juliette einen Stapel eigener und fremder Gedichte. Er macht sie mit dem Filmmusik-Komponisten Joseph Kosma und dem Pianisten Jean Wiener bekannt, der ihr die Grundlagen eines Bühnenauftritts beibringt. Drei Tage später debütiert Juliette im Kabarett *Le Boeuf sur le Toit* mit drei Chansons aus den Federn von Sartre, Queneau und Jules Laforgue. Ein Star ist geboren.

Nach den herrlichen Pariser Tagen im Mai 1949, während derer er bejubelt und gefeiert, vorbehaltlos »als wichtiger Mensch« auf Augenhöhe in eine Clique berühmter Künstler integriert wurde und eine heiße Liebesbeziehung mit Juliette Gréco erlebte, kehrt Miles Davis nach New York zurück. Sartre hat ihn vor seiner Abreise noch gefragt, ob er die Sängerin nicht heiraten wolle. »Nein!« Keinesfalls wolle er sie in eine Welt der Apartheid und erniedrigenden Rassengesetze entführen, wo sie als Paar ausgegrenzt würden. Abgesehen davon, dass er bereits verheiratet war und Kinder hatte. Juliette bat ihn zu bleiben, aber Miles wollte dem Beispiel seines Kollegen Kenny Clarke, der sich in Paris niedergelassen hatte, nicht folgen. Seine Musik konnte er nur im afroamerikanischen Ambiente der USA weiterentwickeln. Zuhause angekommen fällt er in ein tiefes Loch. »Wir waren internationale Stars und kriegten keine Jobs. Die bekamen weiße Musiker, die mein Birth of the Cool-Ding kopierten. Mann, das tat mir weh bis ins Mark.« Der Jazztrompeter wird wie so viele andere Musiker heroinsüchtig, hängt vier Jahre an der Nadel. »Alle nahmen Heroin: Bird, Sonny Stitt, Bud Powell, ganz zu schweigen von Joe Guy und Billie Holiday.« Ebenso drückten weiße Musiker wie Chet Baker oder Gerry Mulligan. »Ich wurde süchtig, weil mich Amerika nach meiner Rückkehr aus Frankreich so deprimierte. Das war der Grund und weil ich Juliette vermisste.« Miles entfremdet sich von seiner Frau Irene, die zwar ein »richtig netter Kerl« und ihm eine »gute Frau« ist, aber nicht Juliettes »Lebenseinstellung, ihren Stil, sowohl im Bett als auch sonst« hat. Juliette »war unabhängig, hatte ihren eigenen Willen, und das gefiel mir.«

Miles schildert in seiner Autobiografie eine New

Yorker Begegnung von 1954, die erste nach fünf Jahren und nach seinem erfolgreichen Kaltentzug. Juliette, inzwischen erfolgreiche Sängerin und Mutter einer Tochter, ist in einer Suite im Waldorf Astoria abgestiegen. »Sie lud mich ein und ich ging hin.« Allein traut Miles sich nicht ins Foyer des Hotels und nimmt »zur Sicherheit« einen Freund mit, den Schlagzeuger Art Taylor. »Wir marschierten zum Empfang und die gesamte Eingangshalle gafft, will ihren Augen nicht trauen, dass da zwei Nigger stehen, die nicht zum Personal gehören.« Der Portier gibt oben Bescheid, und »als sie ihm sagte, dass wir raufkommen könnten, dachte ich, der Arsch fällt auf der Stelle tot um.« Sogar im aufgeklärten New York gilt strikte Rassentrennung. Ein Star wie Billie Holiday muss den Lastenaufzug nehmen, wenn sie einen Auftritt in einem Luxushotel hat. Es ist eine für Schwarze lebensbedrohliche Zeit der Lynchjustiz, eine Zeit an der Schwelle zum Black Power Movement und zur Black Awareness-Bewegung. Das Treffen von Juliette und Miles im Hotel geht gründlich schief; es ist alles andere als ein romantisches Stelldichein. Der frustrierte Miles benimmt sich rüpelhaft, schlüpft in seine »Zuhälterrolle«, wie er später selbstkritisch berichtet. Er verlangt Geld von ihr, läuft großspurig durch den Raum und verschwindet schon nach einer Viertelstunde. »Ich glaube nicht, dass sie schon jemals so behandelt worden war ... Als ich zur Tür rausging, fragte sie: ›Miles, kommst du wirklich wieder?‹ – ›Ah, Schlampe, halt's Maul; ich habe gesagt, dass ich später anrufe!‹« Das tat er auch, aber das Porzellan war zerschlagen.

Es sollte zwei Jahre dauern, bis sie sich in Paris versöhnten und von da an lange Zeit eine diskrete Liebesbeziehung hatten. Juliette verzieh Miles sein schlechtes Benehmen, er hatte es mit der wesensverändernden Sucht erklärt. 1957 hatte Miles Konzertauftritte in Paris und blieb einige Monate dort. Das Paar beschloss, »einfach nur Liebende und gute Freunde« zu bleiben, aber ihre Karrieren und ihre Hauptleben mit Ehepartnern, Kindern und sonstigen Liebschaften in Paris bzw. New York weiterzuführen. Beide waren je dreimal verheiratet. Lebenslang trafen sie sich, in unregelmäßigen Abständen, immer dann, wenn es ihre Tourneen ermöglichten. Beide Musiker gingen in die Zeitgeschichte des 20. Jahrhunderts ein. Miles Davis wurde epochenprägend für den Jazz als Stimme Amerikas, rastlos und virtuos entwickelte er seinen Stil ständig weiter. Juliette Gréco blieb sich selbst, ihrem Outfit und ihren intellektuellen Songtexten treu, pflegte ihren Ruf als politische Diseuse und lief nicht Gefahr, ins Schlagergeschäft abzugleiten. Sie wurde nicht so berühmt wie Edith Piaf, erlebte aber doch eine Weltkarriere. In Frankreich schrieben ihr berühmte Schriftsteller wie Sartre, Camus, Prévert und Queneau Texte auf den Leib, ebenso befreundete Kollegen wie Jacques Brel, Georges Brassens, Léo Ferré und Charles Aznavour, mit denen sie auch auf der Bühne stand.

Im Sommer 1991, wenige Wochen vor Miles' Tod, kam es zum letzten Adieu. Er besuchte Juliette spontan in ihrer exklusiv-plüschig ausgestatteten Pariser Wohnung in der *Rue d'Alésia*. Vor dem Gebäude hielt eine Limousine mit getönten Scheiben, aus der drei Leibwächter ausstiegen, die ein stark abgemagerter Miles Davis in harschem Befehlston wegschickte. Juliette erinnert sich: »Wir unterhielten uns mehrere Stunden. Ich hörte ihn lachen, als ich ein Fenster zu meiner Veranda schloss. Was ist denn so lustig? Diese Frau, einfach so von hinten gesehen, würde ich überall auf der Welt erkennen!«

Juliette überlebte Miles um fast zwanzig Jahre; ihr Grab befindet sich auf dem *Friedhof Montparnasse.*

Pariser Schauplätze

Hôtel Pont-Royal, 5–7, Rue Montalembert, Métro Solferino ◆ Salle Pleyel, 252, Rue du Faubourg Saint-Honoré, Métro Ternes ◆ 20, Rue Servandoni, Métro Saint-Sulpice ◆ Hôtel La Louisiane, 60, Rue de Seine, Métro Mabillon ◆ Caveau des Lorientais, heute Hôtel des Carmes, 5, Rue des Carmes, Métro Maubert-Mutualité ◆ Le Tabou, heute Jazz-Café Laurent im Hôtel d'Aubusson, 33, Rue Dauphine, Métro Pont-Neuf ◆ Ex-Club Saint-Germain, 13, Rue Saint-Benoît (um die Ecke Café de Flore), Métro Saint-Germain-des-Prés ◆ Brasserie-Music Hall Le Boeuf sur le Toit, 34, Rue du Collisé, Métro Franklin D. Roosevelt ◆ Rue d'Alésia, Métro Alésia ◆ Place Juliette Gréco, Métro Saint-Germain-des-Prés ◆ Friedhof Montparnasse, Eingang Porte Froideveaux, Division 7, Métro Gaîté

Liebe als Passion
Jean Seberg und Romain Gary

Mit der Mutterliebe macht dir das Leben in der frühesten Kindheit ein Geschenk, das es nie hält. … wo immer du hingehst, du trägst das Gift des Vergleichs mit dir herum.
Romain Gary: »Frühes Versprechen«

Am Mittwoch, den 16. Oktober 1963 geben sich eine berühmte amerikanische Filmschauspielerin und ein gefeierter französischer Schriftsteller im nüchternen Amtszimmer des Bürgermeisters von Sarrola-Carcopino auf der Insel Korsika das Jawort. Das Dorf liegt auf einem Bergplateau nordöstlich von Ajaccio. Eine unromantische Hochzeit. Die 1,56 Meter kleine, 24-jährige Braut mit braver blonder Dauerwelle über Kindergesicht, im trapezförmigen Kurzmantel der Sixties-Mode, mit weißen Handschuhen und flachem Schuhwerk. Der unter buschigen Augenbrauen finster blickende, 1,80 Meter große 49-jährige Bräutigam mit dünnem Oberlippenbärtchen, im eleganten englischen Maßanzug ohne seine geliebten Orden, hat sich auf Wunsch der Braut als französischer Botschafter verkleidet, der er bis vor Kurzem tatsächlich gewesen ist. Er hasst freiheitsraubende gesellschaftliche Vorhängeschlösser, zum Beispiel bindende Unterschriften in Standesämtern, deren Annullierung meist teuer ist. Noch mehr hasst er es, von Klatschreportern verfolgt zu

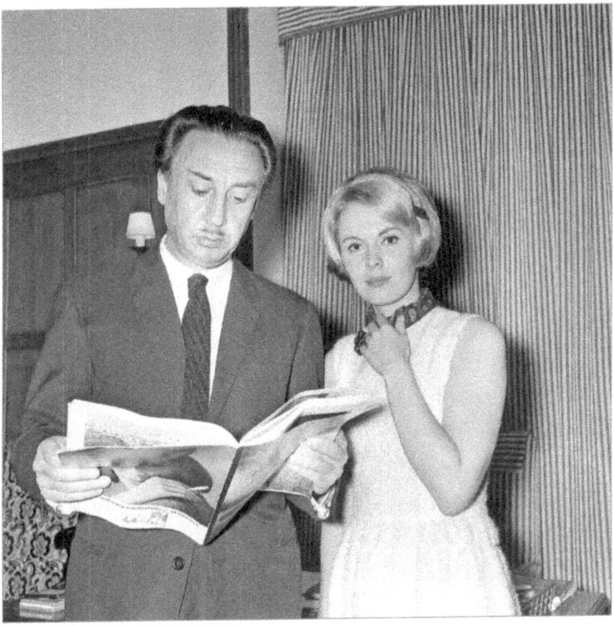

»… im Kern der Liebe steckt ein symbiotisches Gefühl der Zusammengehörigkeit … das ist das Wichtigste zwischen Mann und Frau.«
Jean Seberg (1938–1979) und Romain Gary (1914–1980), Aufnahme von November 1963

werden – dem ist ein geheimdienstlich und generalstabsmäßig geplanter Halbtagesausflug auf eine Mittelmeerinsel vorzuziehen. Jean Seberg und Romain Gary sind zu jener Zeit *das* Liebespaar der gehobenen Pariser Künstlerszene.

Jean Dorothy Seberg: Das Staatsbegräbnis von Schauspieler Jean-Paul Belmondo, der Geburtstag von Kinorevolutionär Jean-Luc Godard, der Todestag des *Nouvelle-Vague*-Vaters François Truffaut. Bei solchen Anlässen fällt ihr Name manchmal, mehr als vier Jahrzehnte nach ihrem Tod. Immer seltener. Als Star blieb sie unvergessen. Wie Romy Schneider und wie später Lady Di wurde sie in Paris gnadenlos von Paparazzi verfolgt, wie jene betäubte sie sich mit Alkohol und Tabletten, zerbrach seelisch. Jean Seberg bot der französischen Jeunesse im streng moralischen Gaullismus der frühen 1960er-Jahre mit ihrem sphinxhaft schimmernden Blick, ihrem jungenhaften Haarschnitt – *coupe à la Seberg* –, ihrer schlichten Boyfriend-Kleidung, ihrem seidenweichen Midwestern-Akzent und ihren lässigen Bewegungen eine Projektionsfläche für einen modernen, selbstbewussten Frauentypus. Ihr Leben war ein einziges ›zu‹: zu puritanisch aufgewachsen, zu jung ein Star, zu früh geheiratet, zu schnell wieder geschieden, zu vertrauensselig gegenüber Ausbeutertypen, zu leichtsinnig verliebt, zu spontan, zu vergesslich im Jetzt. Dabei begann alles so schön im amerikanischen Wunderland der Westküste, in der Traumfabrik Hollywood.

Jean Seberg wuchs in der Kleinstadt Marshalltown in Iowa in einer protestantischen Familie auf. Ihr Vater hatte einen Drugstore, die Mutter war Grundschullehrerin. Im September 1956 in Chicago wurde sie als 18-Jährige von dem Filmproduzenten Otto Preminger für die

Rolle der Heiligen Johanna von Orléans entdeckt – »mit den Augen einer Lerche und dem Gesicht voll unendlichen Friedens«. Jean hatte keinerlei Ausbildung und Bühnenerfahrung, ließ sich aber widerstandslos die Haare abschneiden und überlebte die ersten Proben mit einem brüllenden, vor Sarkasmus triefenden Preminger. So ging es weiter, die Dreharbeiten in London waren die Hölle. In der Abschlussszene entzündete sich der Scheiterhaufen, auf dem Johanna verbrennen sollte, aufgrund eines technischen Fehlers real. Die angekettete Jean schrie panisch »ich brenne«, während die Flammen Kostüm, Knie und Hände erfassten, bevor Feuerwehrleute sie retteten. Von diesem Ereignis blieb nur eine Brandnarbe auf dem Bauch zurück – zumindest äußerlich. Die Kamera war weitergelaufen. Am nächsten Morgen rutschte der Wagen, der sie zum Set brachte, auf Glatteis und knallte gegen eine Laterne, Preminger brach sich das Handgelenk, Jean hatte Nasenbluten. Als sie einige Stunden später die Aufnahme der so authentischen Scheiterhaufen-Szene zu sehen bekam, wurde sie ohnmächtig. Der Film floppte international, die amerikanische Presse verletzte Jean Seberg nochmals auf ihre Art. Immerhin konnte sich die Familie Seberg in Iowa von der Gage eine neue Bleibe leisten. Jean erholte sich an der Côte d'Azur und bereitete sich auf ihre Rolle als Patricia in der Verfilmung des französischen Bestsellers *Bonjour Tristesse* von Françoise Sagan vor. Dazu schrieb Truffaut eine warmherzige Kritik, und Godard engagierte sie für sein Filmdebüt *Außer Atem*. Ihr gefiel nichts an diesem eigenartigen Film. Umso überraschter war sie, als der Streifen 1960 als Meisterwerk eines »romantischen Nihilismus« und sie als Stilikone des neuen französischen Films gefeiert wurde. Sie avancierte zur »Lieblingsamerikanerin« der Franzosen. In der Zwischenzeit hatte Jean in der lutherischen Kirche von Marshalltown unter Anteilnahme von Fotografen der Magazine *Life*, *Vogue*, *Paris-Match* und des Fernsehens den französischen Anwalt François Moreuil geheiratet. In Hollywood langweilte sie sich tödlich, deshalb organisierte ihr Ehemann eine Essenseinladung beim französischen Botschafter und dessen Frau in Los Angeles. Der Botschafter hieß Romain Gary und war ein Womanizer. In diese junge Frau, die ihn anhimmelte, verliebte er sich ernsthaft und fühlte, wie sich ein ungewohnt starker Beschützerinstinkt in ihm ausbreitete.

Wilno, größte Stadt des Baltikums, heute als Vilnius Hauptstadt Litauens, galt im Geburtsjahr 1914 von Roman Kacew als »Jerusalem des Nordens«, mit einem jüdischen Bevölkerungsanteil von 40 Prozent. Romans Vater, ein jüdischer Kürschner, verließ Frau und Kind. In seinen ersten 14 Lebensjahren erlebte der Junge mehrere Besatzungen: Truppen des russischen Kaiserreichs, der deutschen 10. Armee, der Roten Armee und des polnischen Militärs. Roman wechselte mühelos zwischen Russisch, Polnisch, Jiddisch, und mit seiner Mutter Mina, einer Modistin, sprach er oft Französisch. 1928 gelang es Mina, mit ihm über Warschau in ihr gelobtes Land Frankreich auszuwandern und sich in Nizza eine neue Existenz aufzubauen. Sie stellte übertrieben hohe, geradezu paranoide Anforderungen an die Karriere ihres Sohnes, den sie bereits in früher Jugend als künftigen Offizier, Botschafter, Ordensträger der Ehrenlegion und bedeutenden Schriftsteller betrachtete, was sie peinlicherweise Lehrern, Nachbarn, Kundinnen ununterbrochen mitteilte. Mit ihrer abgöttischen Mutterliebe erstickte sie den Sohn beinahe. Die Folge: Lebenslang *musste* er immer als Erster und Bester hervortreten, so lautete sein mit der Muttermilch eingesogener Auftrag. Das Verrückteste an dieser Geschichte ist, dass der Junge all diese Erwartungen tatsächlich erfüllte: hochdekorierter Fliegerkommandant in De Gaulles Exilarmee, hochrangiger französischer Diplomat, der nach dem Krieg seinen militärischen Decknamen Romain Gary behielt und neben seinem politischen Amt literarischen Ruhm erntete. Er verfasste mehr als dreißig zeit- und sozialkritische Romane, viele Essays, drehte zwei Filme und erhielt für sein Werk dank eines Pseudonyms zweimal den Prix Goncourt. Trotzdem fühlte sich der Autor häufig als Immigrant, als Jude, als Fremder gesellschaftlich ausgegrenzt. Eine weitere Erwartung seiner Mutter erfüllte Romain Gary ebenfalls: Er wurde ein *grand dragueur*, ein Don Juan. Die Kehrseite: Er wurde abhängig von sexuellen Begegnungen, »verdurstend an jeder Quelle sterbend«, und versank zunehmend in Melancholie und einer Depression des Ungenügens, des Verlustes und der inneren Leere.

Die erfolgreiche englische Schriftstellerin Lesley Blanch, seit 1945 mit Romain Gary verheiratet, war eine begnadete Diplomaten- und Botschaftergattin. Der Job war ihr auf den Leib geschrieben, sie begleitete ihren um zehn Jahre jüngeren Mann nach Sofia, Bern, New York, Paris, La Paz, schließlich Los Angeles, richtete Salons ein, empfing Gäste zum Cocktail und zum Dinner, redigierte nebenbei die englischen Manuskripte des Gatten und erwies sich seinen erotischen Eskapaden gegenüber als großzügig. Das französische Konsulat in Los Angeles befand sich um die Ecke vom Hollywood Boulevard. Gary erlebte dort als Generalkonsul eine glückliche Zeit. Die amerikanischen Leser schätzten seine Bücher, die Film-Schickeria von Hollywood reichte ihn bei ihren Soireen herum. Nach dem Abendessen, bei dem ihr Mann und das junge Ding sich mit den Augen verschlungen hatten, ahnte Lesley Blanch, dass ihre Tage als Ehefrau angezählt waren. Romain folgte Jean zunächst nach Paris und stieg vorläufig im *Hôtel Lutetia* ab. Jeans Ehemann verpasste ihm dort in der Lobby einen Faustschlag, Jean erlitt eine Nervenkrise. Das noch immer heimliche Liebespaar gönnte sich vorgezogene Flitterwochen auf einer Reise durch Asien, nach Mexiko, schließlich Venedig. Für Romain begannen schwierige Jahre. Zwar fühlte er sich durch die Beziehung mit Jean verjüngt und beschwingt, aber die Umstände waren kompliziert, und zunächst wusste er nicht, wie intensiv er sich darauf einlassen sollte. Jean, die unter starken Verlustängsten litt, nahm ihm die Entscheidung ab, stürzte sich mit Haut und Haaren in seine Arme und verlangte das volle Programm: beiderseitige Scheidung, baldige Heirat, ein Kind. Im Bett war sie derart unersättlich, dass es sogar ihm zu viel wurde, weil er nicht mehr zum Schreiben kam. Man einigte sich schließlich auf zweimal täglich.

Beruflich lief es für Gary nicht optimal, da de Gaulles Außenminister ihn strikt ablehnte. Außerdem führte Madame de Gaulle, genannt *Tante Yvonne*, ein streng katholisches, radikales Moralregiment. Minister, die geschieden waren oder offen eine Mätresse spazieren führten, waren am Tisch des Élysée nicht erwünscht und erhielten keinen Einlass am Tor. Auch Diplomaten fielen unter Madames Acht. 1961 quittiert Gary deshalb den diplomatischen Dienst. Finanziell stürzt er ab. Lesley erklärt, sie sehe sich eher als Witwe denn als geschieden, verlangt jedoch horrende Unterhaltssummen, die Pariser Eigentumswohnung und sein geliebtes Zuhause in Roquebrune am Cap Martin. Gary protestiert, droht, beugt sich aber Ende 1961 schließlich weitgehend ihren Wünschen – denn Jean ist schwanger und hat versucht, sich die Pulsadern aufzuschneiden. Bis zur Frühgeburt von Sohn Alexandre Diego im Juli 1962 versteckt sich das Paar in Sitges an der Costa Brava. Vier Wochen nach der Niederkunft steht Jean wieder vor der Kamera, niemand erfährt von dem Kind, nicht mal ihre Eltern. Um Diego kümmert sich fortan das spanische Kindermädchen Eugenia, deren Sprache er lange vor dem Französischen lernt, die er *mamá* nennt und die ihn bis zu ihrem eigenen Tod 1976 behütet und beschützt. Romain und Jean gehen so weit, den offiziellen Geburtstag des Kindes als 15 Monate später anzugeben, den Monat ihrer Eheschließung auf Korsika.

Im Herbst 1963 verbreiten die Medien erste, teils wilde Gerüchte über Hochzeitsglocken, angeblich trete Charlie Chaplin als Trauzeuge auf. Über die Details der klammheimlichen Hochzeit legt sich ein Mantel des Schweigens. Niemand petzt. Erst 2016 enthüllt die *Le-Monde*-Reporterin Ariane Chemin die Zusammenhänge. Sie recherchiert vor Ort und treibt den letzten lebenden Zeugen der Zeremonie in einer Musikbar auf – den 94-jährigen Korsen Colonel Domy Colonna-Cesari. Der einstige Geheimdienstler bestätigte ihr, dass sich »die ganze Republik dem alten Waffenbruder der Befreiung Frankreichs zur Verfügung« gestellt hatte. In der Tat beauftragte Präsident de Gaulle persönlich seine Leute vom militärischen Geheimdienst, alles alte Kämpfer der Résistance und der Libération wie Gary auch, die Angelegenheit diskret zu organisieren und zu begleiten.

Noch vor ihrer Heirat hatten die beiden eine Wohnung auf der Île Saint-Louis gemietet. Später kaufte Gary von der Adelsfamilie La Rochefoucauld ein Zehn-Zimmer-Appartement in der großbürgerlichen *Rue du Bac* im vornehmen *Faubourg Saint-Germain* zwischen Invalidendom und Seine. Zu der repräsentativen Wohnung mit hohen Fenstern im zweiten Stock gehörten zwei Räume in einem Zwischengeschoss unter der Wohnung und einige *chambres de bonne* fürs Personal unterm Dach. Garys Renovierungsaktivitäten entsetzten so manchen Besucher, weil er die historische Substanz zerstörte. Marmorkamine ließ er abreißen; das elegante Parkett wich Teppichboden, Provencefliesen und Schiefer. Die alte Täfelung verschwand unter Korkplatten, die Wände des mit fellbedeckten Ledersofas und einem Esstisch aus rosa Marmor möblierten Salons unter riesigen Gemälden eines Amerikaners. Zu den vierbeinigen Hausgenossen der Rue du Bac gehörten Katzen und vor allem die Hunde Sandy und Pancho. Eugenia wohnte mit dem kleinen Diego im Zwischengeschoss. Wenn Jean und Romain nicht zu Dreharbeiten unterwegs waren, hielt das Paar sich in Paris auf, ab 1965 auch mehrmals im Jahr in Puerto Andratx auf Mallorca. Romain war Frühaufsteher: Kurz nach 6 Uhr begab er sich mit oder ohne Jean in die *Brazza-Bar*, frühstückte harte Eier (nur das Weiße), trank Kaffee und las Zeitung. Den Vormittag über schloss er sich in seinem Arbeitszimmer ein und schrieb seine Notizhefte voll, in späteren Jahren diktierte er diversen Sekretärinnen seine Romane und Artikel. Mittags gingen sie gern in die *Brasserie Lipp*, abends mit Freunden ins *Le Récamier*, gelegentlich empfingen sie Gäste zuhause, das Diner bereitete dann ein marokkanischer Koch vor. Während Gary sich lebenslang möglichst sieben Stunden am Tag seinen Manuskripten widmete und in jeder Situation, auch am Filmset, kreativ sein konnte, langweilte Jean sich in Paris. Romain erarbeitete ihr deshalb ein Bildungsprogramm mit Kunstkursen in der École du Louvre, aber Jean bleibt unzufrieden und unausgeglichen, schwankend zwischen ihren Lebensrollen als äußerlich strahlender Filmstar, als einerseits überforderte, andererseits dank Eugenia nicht gebrauchte Mutter sowie als gefühlt ungenügend geliebte Ehefrau. Sie tröstet sich mit Affären und beschleunigt dadurch das Aus ihrer Ehe.

Am 1. Juli 1970 wurde die Scheidung Gary-Seberg rechtskräftig. Auslöser war eine Affäre, die Jean 1968 bei Dreharbeiten in Oregon mit Filmpartner Clint Eastwood hatte. Romain ahnte etwas, flog hin, forderte Eastwood zum Duell, dieser soll darüber nur gelacht haben. Die Geschiedenen blieben eng befreundet, *darling* hier, *chéri* dort, Gary fürsorglich wie zuvor, er wusste um Jeans Sensibilität, ihre latente Suizidgefahr. »Jenseits der Liebe und im Kern der Liebe steckt ein symbiotisches Gefühl der Zusammengehörigkeit … das ist das Wichtigste zwischen Mann und Frau.« Fragen nach dem Scheidungsgrund beantwortete er etwa so: »Wenn Ihre Berufung Sie dazu zwingt, getrennt zu leben oder in vier Monaten zwölf Mal den Atlantik zu überqueren, dann ist es unehrlich, sich ein Paar zu nennen.« Die Wohnung Rue du Bac wurde mit einer Eisenwand geteilt. Romain änderte kaum etwas an seinem Tagesablauf. Vormittags ging er jetzt öfter schwimmen, besuchte auf dem Rückweg vom Mittagessen die Buchhandlung *Gallimard* und trank einen

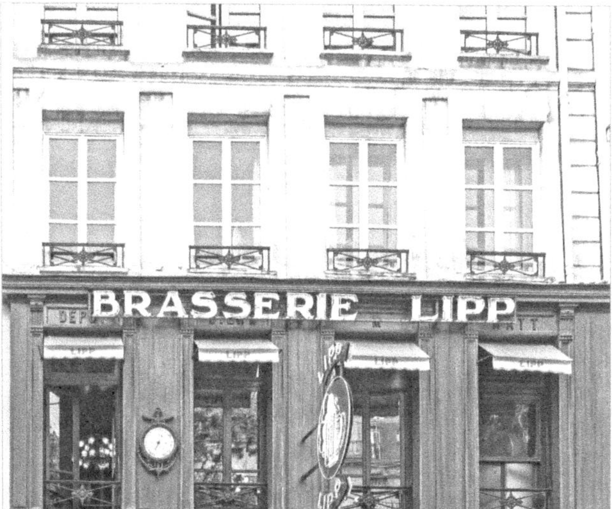

Die Brasserie Lipp am Boulevard Saint-Germain gehörte zu den Lieblingslokalen mehrerer Pariser Künstlergenerationen.

Kaffee im *Le Rouquet*. Nachmittags, wenn die Sekretärin das Haus verließ, spazierten Schwärme junger Mädchen durch seine Räume, nacheinander einbestellt. Romains erotische Ausstrahlung und sein sexueller Appetit hatten mit den Jahren kaum gelitten, im Gegenteil, mit zunehmender Furcht vor den Begleiterscheinungen des Alters nahm sein Trostbedürfnis zu.

Jean Seberg unterstützte die Bürgerrechtsbewegung der Afroamerikaner in den USA schon länger mit Geldspenden und Solidaritätsbekundungen, ein Engagement, das dem FBI-Chef J. Edgar Hoover aufstieß. Er ließ sie bespitzeln, abhören und mit einer üblen Kampagne verfolgen. Monatelang behaupteten amerikanische Medien, Jean erwarte ein schwarzes Baby aus einer Beziehung mit einem Mitglied der radikalen Black Panther Party. In Wirklichkeit war Jean von einem jungen Mexikaner schwanger geworden. Das Baby kam einen Monat nach der Scheidung von Gary als Frühgeburt auf die Welt und überlebte nur zwei Tage, Gary erkannte es als ehelich an. Jean ließ es in einem gläsernen Sarg in die USA überführen, um ihre Verfolger zu beschämen – das Mädchen war weiß. Seit diesen Ereignissen veränderte sich Jeans Zustand dramatisch, Zusammenbrüche, Psychiatrieaufenthalte, immer wieder Suizidversuche. Ihre Filmkarriere war beendet. Zwar ging sie 1972 in Las Vegas mit Filmdirektor Dennis Berry eine dritte Ehe ein und heiratete einige Jahre danach den marokkanischen Schauspieler Ahmet Hasni, jedoch blieben ihre beschützende Heimat die Rue du Bac und ihr Ernährer Romain Gary. Da die Zeit hoher Filmgagen passé war, arbeitete Gary wie ein Getriebener oft an mehreren Büchern gleichzeitig. In dieser Zeit erschien sein Bestseller *Die Liebe einer Frau*, der mit Romy

Schneider und Yves Montand verfilmt wurde. Er war überlastet, litt an quälenden Alpträumen und sprach mit Ärzten und Freunden häufig über Selbstmord. Wie Jean schluckte er Antidepressiva.

Anfang September 1979 fand man Jean Seberg tot, nur in eine Decke gewickelt, zwischen Vorder- und Rücksitz ihres Renault 5 mit knapp acht Promille Blutalkoholgehalt, neben sich leere Medikamentenpackungen und ein Zettel für Diego: »Verzeih mir, ich kann mit diesen Nerven nicht mehr leben, sei stark, Du weißt, wie sehr ich Dich liebe.« Die Umstände ihres Todes blieben im Dunkeln, obwohl es als ausgeschlossen galt, sich diese Menge Alkohol selbst zuführen zu können. Zwei Tage nach dem Fund erhob Gary in einer Pressekonferenz schwere Vorwürfe gegen das FBI, Jean Seberg mit der Rufmordkampagne in den Tod getrieben zu haben. Die amerikanische Bundesbehörde gab daraufhin in einem eigenen Presse-Communiqué zu, dass der Filmstar wirklich durch Rufschädigung »neutralisiert« werden sollte.

Nach Jeans Tod verschlechterte sich Garys psychische Verfassung radikal. Er verbrachte seine Tage in der abgedunkelten Wohnung, regelte sein literarisches Testament, verfasste eine bittere und triumphale Abrechnung mit der Pariser Literaturkritik. Am 2. Dezember 1980 traf er sich mit dem Verleger Claude Gallimard mittags im *Le Récamier*, ließ sich von dessen Chauffeur zuhause absetzen, breitete einen roten Morgenmantel auf seinem Bett aus, legte sich hin und schob sich den Lauf seiner Smith & Wesson, Kaliber 38, in den Mund. Schuss. Leïla Chellabi, die letzte Frau an seiner Seite, entdeckte die Leiche. Zu Garys Füßen lag der Brief *Für die Presse*, den er vormittags geschrieben hatte. »Keinerlei Zusammenhang mit

Jean Seberg. Die Fans gebrochener Herzen werden gebeten, sich woanders hinzuwenden.« Und: »Die Nacht wird ruhig sein.«

Romain Garys Leiche wird mit militärischen Ehren im Hof des *Invalidendoms* aufgebahrt, seine Asche wunschgemäß vor Roquebrune im Mittelmeer verstreut. Jean Seberg ruht auf dem *Friedhof Montparnasse*.

Garys und Sebergs Sohn beschrieb seine Kindheit und Jugend voll eindringlicher Trauer und Wut in dem Buch *S. oder die Hoffnung auf das Leben*. Eugenia sei seine wahre Mutter gewesen. Seine Eltern hätten den Hund mehr geliebt als ihn. Die Nachlassverwaltung überforderte ihn. »Mich an seinen Schreibtisch zu setzen, verwandelte mich in eine Salzsäule, stürzte mich in ein Koma.« Seine Mutter hatte Diego zum letzten Mal in einem tristen Zimmer des *Hôtel de Suède* getroffen. Während ihr Suizid ihn wenig erstaunt hatte, erfasste ihn der Schock, als sein Vater sich umbrachte, umso gewaltiger. »Niemals hätte ich das erwartet.« Diegos Buch zeugt von einer eigenen poetischen Kraft. Es ist ein echter Gary, der den magischen Sätzen seines Vaters kaum nachsteht. »Die Trauer ist ein blinder Führer.«

Pariser Schauplätze

Hôtel Lutetia, 45, Boulevard Raspail, Métro Sèvres-Babylone • 108, Rue du Bac, 2. Stock, Métro Rue du Bac • Bar-Brasserie-Tabac Le Brazza, 9, Rue de Sèvres, Métro Sèvres-Babylone • Brasserie Lipp, 151, Boulevard Saint-Germain, Métro Saint-Germain-des-Prés • Restaurant Le Récamier, 4, Rue Juliette Récamier, Métro Sèvres-Babylone • Librairie Gallimard, 15, Boulevard Raspail, Métro Rue du Bac • Café Le Rouquet, 188, Boulevard Saint-Germain, Métro Saint-Germain-des-Prés • Hôtel de Suède, 31, Rue Vaneau, Métro Saint-François Xavier • Friedhof Montparnasse, Boulevard Edgard Quinet, Division 13, Métro Edgar Quinet • Cour des Invalides, Métro Varenne

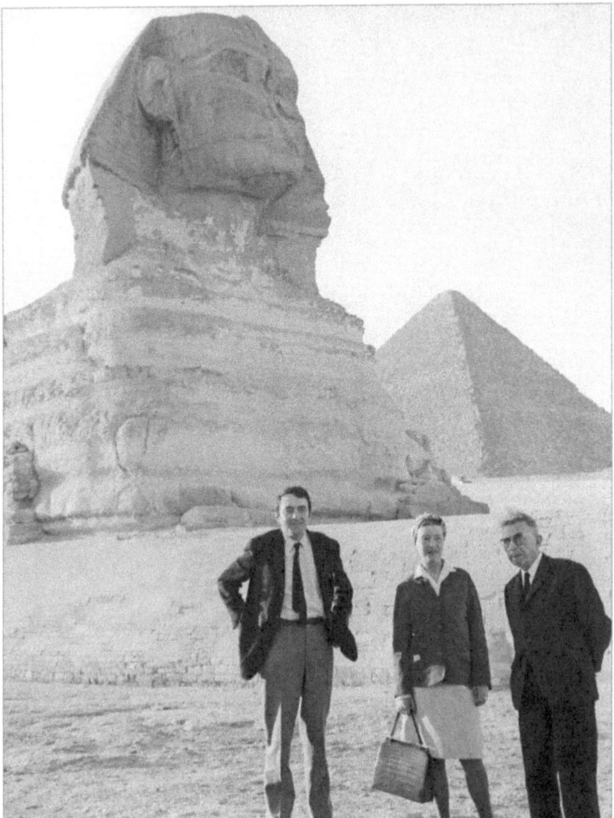

»Unsere Einigkeit war idyllisch.«
Claude Lanzmann (1925–2018), Simone de Beauvoir (1908–1986) und Jean-Paul Sartre (1905–1980) in Ägypten, 1967

Der sechste Mann
Simone de Beauvoir und Claude Lanzmann

Ich möchte vom Leben alles, ich möchte eine Frau, aber auch ein Mann sein, viele Freunde haben und allein sein, viel arbeiten und gute Bücher schreiben, aber auch reisen und mich vergnügen, egoistisch und nicht egoistisch sein.
Simone de Beauvoir, Brief an Nelson Algren, Juli 1947

»Ich liebte sofort den Schleier ihrer Stimme, ihre blauen Augen, den klaren Schnitt ihres Gesichts und, mehr noch, den ihrer Nasenflügel.« Spontane Zuneigung für eine Dame mittleren Alters ergreift den jungen Journalisten Claude Lanzmann, der zu Beginn des Jahres 1952 erstmals an einer Redaktionssitzung der 1945 gegründeten Zeitschrift *Les Temps Modernes* teilnehmen darf. Wie der spätere Filmregisseur der Dokumentation *Shoa* in seiner Autobiografie *Der patagonische Hase* berichtet, fand das Treffen wie meistens im »kleinen verrauchten Büro auf der vierten Etage der *Rue Bonaparte 42*« statt. Es handelt sich um die Wohnung, die der Philosoph und Schriftsteller Jean-Paul Sartre seit 1946 zusammen mit seiner Mutter Anne-Marie bewohnte. Von da aus blickte man auf die *Place Saint-Germain-des-Prés* und auf eins der Lieblingscafés von Sartre und seiner Lebensgefährtin Simone de Beauvoir, *Les Deux Magots*, in dem sie oft saßen und gemeinsam ihre Texte überarbeiteten, wenn sie nicht gerade im *La Coupole* Wein (er) und heiße Schokolade (sie) tranken oder im *Café du Dôme* verabredet waren.

Lanzmanns aufkeimende Gefühle für die erfolgreiche Schriftstellerin, deren Ruhm ihn auch ein wenig einschüchterte, vermischten sich mit seiner Bewunderung für den führenden französischen Intellektuellen Sartre. Wie viele desillusionierte junge Leute war Lanzmann von Sartres existenzialistischer Philosophie fasziniert. Dessen Bücher gaben ihm, der sich als Jugendlicher zwei Jahre an Partisanenkämpfen der Résistance beteiligt hatte, »den Glauben an die Menschheit zurück« und zeigten ihm, »dass es noch aufrechte Franzosen gab«. Sartres umfassendes Werk *Das Sein und das Nichts* (1943) hatte er verschlungen, und er kannte auch dessen berühmten Vortrag *Der Existenzialismus ist ein Humanismus* (1946). Eines Tages erzählt Sartres Sekretär Jean Cau seinem alten Schulfreund Lanzmann, Sartre habe dessen in der Tageszeitung *Le Monde* abgedruckte zehnteilige Reportage über *Deutschland hinter dem Eisernen Vorhang* gelesen und sei davon angetan. Tatsächlich war der junge Franzose ohne Visum in die DDR vorgedrungen, hatte sich deshalb in Weimar, Jena, Dresden zum Schlafen in die Büsche öffentlicher Parkanlagen schlagen müssen, immer auf der Hut vor der Volkspolizei, und hatte als erster französischer Journalist seine Eindrücke von dem jungen kommunistischen Staat publiziert. Wäre er erwischt worden, hätte er vermutlich für Jahre in einem DDR-Gefängnis geschmort. Stattdessen hockt er nun in der Redaktionskonferenz eines linkspolitisch-literarischen »Organs für Untersuchungen« fernab vom feuilletonistischen Mainstream und erlebt Sartres ausgeprägte, »in der Intelligenz verwurzelte Großzügigkeit«. Er siezt sich mit seiner Gefährtin, die er mit ihrem Spitznamen ›Castor‹ (Biber) anredet, während sie ihn grundsätzlich Sartre nennt. An seinem ersten Artikel für dieses Magazin arbeitet Lanzmann mehrere Wochen, »Blut und Wasser schwitzend«. Der Text findet die erhoffte Anerkennung und erscheint unter Pseudonym – Lanzmann verdient sich seinen Lebensunterhalt als Korrektor bei der Boulevardzeitung *France Soir* und will den Job behalten.

Nach dem Erscheinen seines zweiten Artikels in *Les Temps Modernes* fasst sich der 27-Jährige in einem Anfall von Verwegenheit ein Herz, ruft die 17 Jahre ältere Simone de Beauvoir an und fragt sie, ob sie mit ihm ins Kino gehen möchte. Fürs Kino ist sie zu beschäftigt, aber »... sie verstand. Wir sahen keinen Film, sondern betrachteten aus dem einzigen, ganz in Rot tapezierten Zimmer, das sie im letzten Stockwerk der *Rue de la Bûcherie Nummer 11* bewohnte, einen ganzen Abend lang die nächtliche, unwirkliche Kathedrale von Notre-Dame.« Er umarmt sie, beide sind befangen. Sie schlafen miteinander, »danach hielten wir uns lange umschlungen. Sie legte ihren Kopf auf meine Brust und sagte: ›Oh, dein Herz, wie es schlägt!‹, und ich war fassungslos.«

Die gemeinsame redaktionelle Arbeit, vor allem der drei Jahrzehnte lang fortgesetzte politisch-philosophische Diskurs mit Sartre und Beauvoir, stellten für den Journalisten und Filmemacher Claude Lanzmann eines seiner größten Lebensabenteuer dar. Die erste erotische Begegnung mit Simone allerdings hinterließ ihn »fassungslos. Stolz und Entsetzen wetteiferten in mir.« Was war geschehen? Ein verliebter junger Mann ist im siebten Himmel, weil ihn das Objekt seiner Begierde, noch dazu eine bewunderte Respektsperson, erhört hat. Bereits in der ersten Liebesnacht erläutert sie ihrem jungen Liebhaber in aller Gelassenheit seinen neuen Platz in ihrem Leben. Zunächst nennt sie ihm die Namen von fünf Männern, die für sie eine bedeutende Rolle gespielt haben. Sie referiert ihm, dass sie mit ihrem Gefährten Sartre schon länger keine sexuelle Ebene mehr verbindet. Lanzmann wird es ganz schwindlig auf dem Kopfkissen, er ahnt: »Dies würde nicht die flüchtige Laune einer Nacht sein, sie errichtete in uns eine andere Beziehung, unendlich gewichtiger.« Er, Claude, sollte »der sechste Mann« sein. Dies war kein One-Night-Stand, »so hatte sie es beschlossen.«

Am Morgen, der auf diese turbulente Liebesnacht folgt, bricht Simone de Beauvoir vergnügt mit ihrem neuen Simca Aronde, ihrem ersten eigenen Auto, nach Italien auf, wo sie mit Sartre verabredet ist. Sie ist blendender Laune, hatte sie doch angenommen, mit 44 Jahren als »alte Frau ohne Liebe« den Zenit ihrer Abenteuer überschritten zu haben. Lanzmann seinerseits reist für Wochen nach Israel, erst im Herbst treffen sich die Verliebten in Paris wieder. Bis dahin steigern sich seine Ängste noch, er befürchtet, dass ihre »Unerschrockenheit« seine Unabhängigkeit bedrohen könnte. Lanzmann weiß noch nicht, wie gering diese Gefahr ist. Ihm ist nicht klar, dass solche Bindungsängste mit der freiheitlichen Grundeinstellung der geliebten Frau und deren radikal gelebtem Liebeskonzept nichts zu tun haben. Er sollte es lernen, und er sollte sich beruhigen.

Die Philosophiestudenten Jean-Paul Sartre und Simone de Beauvoir, 24 und 21 Jahre alt, trafen sich 1929 in einer Lerngruppe, die sich auf die schwierige Abschlussprüfung für das gymnasiale Lehramt vorbereitete. Beide bestanden mit Bravour. Bei langen Spaziergängen durch den *Jardin du Luxembourg* mit Rast am *Médicis-Brunnen* entdecken sie eine tiefe geistige Verwandtschaft und verlieben sich ineinander. Besonders für Beauvoir, die als Tochter aus großbürgerlichem, jedoch verarmtem Milieu zwar studieren und einen Beruf als Lehrerin anstreben durfte, ansonsten jedoch auf eine konventionelle weibliche Biografie vorbereitet worden war, erfüllte Sartre ihre kühnsten Ausbruchsträume: ein Lebensweg »in Freiheit«. Seit Jahren weiß sie schon, dass sie weder heiraten und Kinder bekommen noch auf ein erfülltes Leben mit erotischen Freuden, Reisen, Vergnügungen verzichten will. »Das einzige Band zwischen Menschen, die einander liebten, sollte die Liebe sein.«

Ihr erstes eigenes Zimmer in der Stadt bezieht sie im Herbst 1929 in der *Avenue Denfert-Rochereau.* Im Oktober schließt sie mit Sartre einen Pakt. Haargenau erinnert Simone sich an die Situation: Im *Jardin du Carrousel* »setzten wir uns auf eine Steinbank an einem Seitenflügel des Louvre«. Dort vereinbart das Paar eine offene Beziehung, die es ihm und ihr erlaubt, Nebenliebschaften zu pflegen, ohne den »morganatischen« Partner zu verlieren. Offen und ehrlich wollen sie sich immer alles erzählen. Der Pakt wird später erneuert und hält mehr oder weniger stabil 51 Jahre bis zu Sartres Tod. Irgendwann nach den ersten Pakt-Jahren erkannte Castor, dass es Sartre vor allem um die Eroberung einer Frau ging; der Liebesakt selbst bedeutete ihm nichts.

Lange Zeit hatten sie sehr wenig Geld. Deshalb hausten sie in schäbigen Hotels, was in jener Zeit erschwinglicher war als eine Wohnung. Eines der Hotels, in denen sie zwei Zimmer am selben Flur bewohnten, ist das *Hôtel La Louisiane*, ein legendäres Künstlerquartier. Sartre kannte keine Eifersuchtsgefühle, genauso wenig interessierten ihn Besitz und Wohlstand. Später, als der Erfolg sich einstellte, trug er ständig viel Bargeld bei sich, das er an Kellner, Freunde, Geliebte und seine Mutter großzügig verschenkte, immer zahlte er die Zeche in Restaurants und Cafés. Den Literaturnobelpreis samt hoher Dotierung verweigerte er 1964 und wohnte noch als alter Mann in einem bescheidenen Appartement im zehnten Stock am *Boulevard Raspail.* Er hatte es 1962 bezogen, nachdem die französische Terrororganisation OAS ein Bombenattentat auf die Wohnung in der *Rue Bonaparte* verübt hatte.

Castor hingegen war Eifersucht nicht fremd, und obwohl sie die Vorteile unabhängiger Liebesaffären zu schätzen wusste, gab es im Laufe ihres Lebens ein paar Abenteuer Sartres, die ihr heftig zusetzten. Das betraf Sartres Beziehung mit ihrer eigenen Geliebten und ehemaligen Schülerin Olga, mit der New Yorkerin Dolorès, die sich an Sartre klammerte, und im Alter Sartres Wunsch, die 17-jährige Algerierin Arlette zu heiraten, um ihr ein Aufenthaltsrecht zu verschaffen. Angesichts von Castors Zorn über diese Idee adoptierte er Arlette stattdessen und setzte sie als Nachlassverwalterin ein. Diese Entscheidung bereitete Beauvoir nach seinem Tod erheblichen Kummer, weil Arlette El Kaim-Sartre ihr den Zugang zur Wohnung und zu seinen Papieren verwehrte. Zwar verankerten Beauvoir und Sartre ihr Liebessystem nicht dogmatisch, sondern bereicherten es mit moralischen und sozialen Kriterien, die sie aus der Wirklichkeit schöpften, dennoch standen Schuldfragen irgendwann im Raum – die Opfer, die sie den Beteiligten ihrer sexuellen und emotionalen Nebenschauplätze abverlangten, Olga, Bost, Wanda, Bianca, Dolorès, Michelle und wie

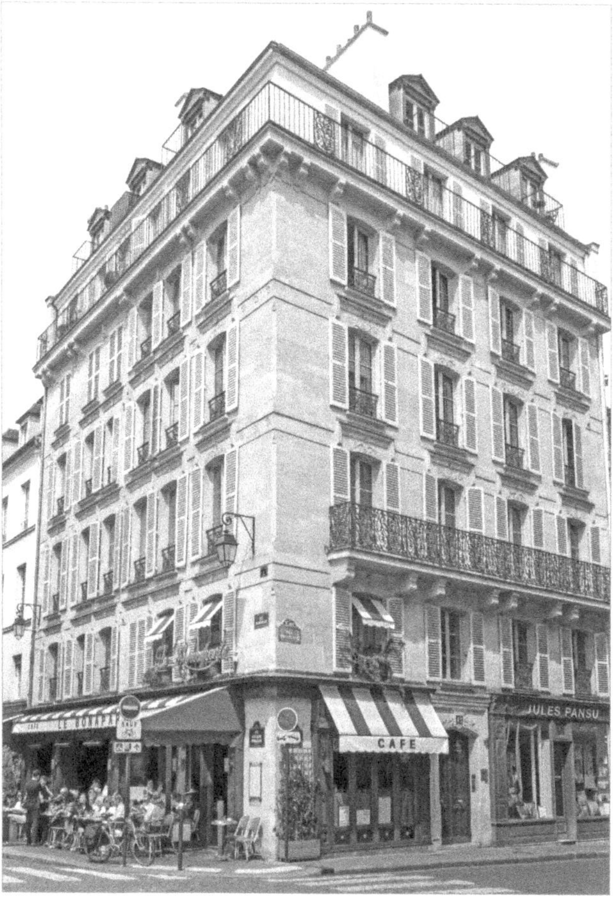

Im vierten Stock der Rue Bonaparte 42 lebte Jean-Paul Sartre mit seiner Mutter von 1946 bis 1962. Auf diese Wohnung verübte die französische Terrororganisation OAS 1962 ein Bombenattentat.

sie alle hießen. Während Claude Lanzmann sich weitgehend mit dem System anfreundete, weil er auch mit Sartre befreundet sein wollte, hatte Nelson Algren, Beauvoirs amerikanischer ›Ehemann‹ von 1947 bis 1951, erhebliche Probleme mit Sartres Vorrang. Da half es auch nicht, dass Beauvoir Nelsons mexikanischen Silberring nie wieder ablegte und noch im Sarg trug.

Als Claude und Simone sich im Herbst 1952 in Paris wiedertreffen, zerstreut Castor all seine Ängste im Nu: »die lange, taumelnde Umarmung, sobald ich in das rote Zimmer im obersten Stockwerk der *Rue de la Bûcherie* trat ... sie hatte das alles vorausgeahnt ... und wir verstanden uns unmittelbar, intellektuell wie körperlich.« Beklommen begleitet Claude Simone in seinem neuen Stand als ihr Liebhaber zur ersten Wiederbegegnung mit Sartre. Sie sind im *Restaurant La Palette* in Montparnasse verabredet. Sartre empfängt ihn überaus freundlich, »er strahlte über Castors offensichtliches Glück, bezeugte mir eine heitere, echte Freundschaft«. Lanzmann stellt fest, dass Sartre über alles informiert ist, was er Beauvoir geschrieben hat, denn sie hatte ihm seine Briefe komplett vorgelesen, »der Regel radikaler Offenheit folgend, zu der sie später auch mich, trotz meiner Widerstände, zu bewegen suchte«. Beauvoir ist auf diesem Gebiet ein Gewohnheitstier, vollkommen selbstverständlich bezeichnet sie Claude in Liebesbriefen als ihren »Mann«, unterschreibt »Deine Frau«. Energisch organisiert sie den Alltag dieser neuen *ménage à trois*. Er zieht in ihr 27-Quadratmeter-Zimmer ein, sie stellt ihm einen eigenen Schreibtisch hin und integriert ihn in ihren getakteten Tagesrhythmus. »Obwohl mir Castors strenge, unwandelbare, seit Langem gestählte ... Disziplin vollkommen fremd war, versuchte ich mich dazu zu zwingen.« Vormittags arbeitet sie an ihrem Roman *Die Mandarins von Paris*, er sieht »ihre Feder übers Papier eilen« und fühlt sich in einem fremden Stundenplan gefangen. Mittags isst sie mit Lanzmann oder Sartre oder einer anderen Person im Restaurant. Nachmittags sitzt sie an ihrem Schreibtisch in Sartres Arbeitszimmer, während Claude nunmehr ablenkungsfrei in ihrem Zimmer besser vorankommt. Den Abend verbringt sie abwechselnd mit Sartre oder Lanzmann oder beiden oder »mit den wenigen Freunden, die Sartre besonders schätzte«. Noch sechs Jahrzehnte später klingt Lanzmanns Erstaunen über diese eigenartige Beziehung durch. »Es war tatsächlich ein echtes Zusammenleben … Ich bin der einzige Mann, mit dem Simone de Beauvoir ein fast eheliches Leben geführt hat.« Mit Sartre unternimmt sie lange Reisen in ferne Länder. Lanzmann und Sartre verbindet die Abscheu vor den »in Frankreich so beliebten großen Tischgesellschaften«, beide schätzen die Intimität eines Zwiegesprächs. Gelegentlich verreisen sie zu dritt, auch dann folgen die Männer einer gerecht gestalteten Zeitaufteilung mit Castor. Herrlich liest sich Lanzmanns Beschreibung eines Trips im Vorfrühling 1953 nach Saint-Tropez. Am Hafen waren in der Vorsaison nur zwei Restaurants geöffnet, abgetrennt durch ein dickes Segeltuch. Immer abwechselnd mussten die Herren abends allein speisen, während Castor sich mit dem jeweils anderen im Nachbarrestaurant unterhielt – »sie hatte immer eine laute Stimme gehabt«, sodass der einsam essende Mann auf der anderen Seite alles mitverfolgen konnte. Den jeweils dritten Abend verbrachte man gemeinsam, »unsere Einigkeit war idyllisch«. Die Nächte gehörten Lanzmann allein. Im Übrigen war der

Stubenhocker Sartre froh, dass Castor in Lanzmann einen Wanderfreund gefunden hatte, mit dem sie waghalsige Touren unternehmen konnte.

Die »kleine Familie« von Freunden, ehemaligen und aktuellen Geliebten, die sich um Sartre-Beauvoir scharten, hielt den Diskurs im Schatten der beiden Ikonen lebendig. Im Hintergrund schimmerten die vielfältigen amourösen Verflechtungen innerhalb der *petite famille*, teils offen, teils heimlich ausgelebt, teils in Beauvoirs Memoiren erzählt, teils bis zum posthumen Erscheinen ihrer Briefe verschwiegen. Beispielsweise unterhielt sie seit 1938 über Jahre eine Affäre mit Jacques-Laurent Bost, was Olga Kosakiewicz, die mit ihm offiziell liiert und später verheiratet war, nicht erfahren durfte. Olgas Schwester Wanda, eine Geliebte Sartres, wusste nichts von seiner Beziehung zu Bianca Bienenfeld, die ›offiziell‹ Castors Geliebte war. Einer gegenseitigen Offenheit hatten sich nur Beauvoir und Sartre verpflichtet. Als ›Eltern‹ dieses Haufens fühlten sie sich verantwortlich für die verschiedenen Geliebten und Protegés und unterstützten sie auch finanziell. Es war das Lebensgefühl einer Pariser Epoche, die man irgendwann die existenzialistische nannte.

Sartre und Beauvoir hatten die großen Philosophen des Abendlandes studiert. Sartres größte Leistung bestand darin, ein neues philosophisches Freiheitskonzept entwickelt zu haben. Dessen Kern leugnet die Existenz eines lenkenden Gottes und jeglicher Transzendenz nach dem Tod. Demnach wird der Mensch als unbeschriebenes Blatt in die Welt »geworfen«. Der Theorie nach ist jeder und jede frei, das eigene »Sein« und Handeln in der Welt selbstständig zu entfalten. Dieses hohe Gut der Freiheit ist mit einer Verpflichtung verbunden: Der Mensch trägt für sein Handeln selbst die moralische Verantwortung. Das existenzialistische Gedankensystem bildet für Sartre und Beauvoir die Basis ihrer literarischen Werke, ihres politischen Handelns und ihrer offenen Lebensgestaltung als Paar. Nach dem Krieg nutzen sie ihre Popularität, um sich für Menschenrechte und soziale Gerechtigkeit einzusetzen. Beauvoir blieb letztlich überzeugt, mit ihren literarischen Werken gesellschaftspolitisch mehr zu erreichen als durch Protestaktionen gegen den Koreakrieg, den Algerienkrieg, für den Verzicht Frankreichs auf Kolonien, für Gleichberechtigung und Frauenrechte. »Ich bin kein Mensch der Tat. Mein Daseinszweck ist das Schreiben.«

Nach 1945 avancierte Sartre zu einer Art Chef-Philosophen Frankreichs. Der Funke sprang auf die Jugend über, plötzlich wimmelte es in Kneipen und Clubs von Existenzialisten, die Jazzmusik hörten und von freier Liebe schwärmten. Beauvoir wurde in der Öffentlichkeit zunächst nur als Sartres Anhängsel wahrgenommen, manche unterstellten ihr sogar, Sartre habe ihre bis dato drei Romane geschrieben. Ihr Ruf als *la Sartreuse* änderte sich schlagartig 1949 mit ihrer aufsehenerregenden Bestandsaufnahme weiblichen Daseins. *Das andere Geschlecht*, heute ein Standardwerk der Soziologie und ein Meilenstein in der Geschichte des Feminismus, entlarvt den »Mythos der Frau« als das untergeordnete »Andere« in einer dominierenden Männerwelt und klärt konkret über die weibliche Sexualität auf. Mit dem berühmten Satz »Man wird nicht als Frau geboren, man wird es« ist Simone de Beauvoir ihrer Zeit weit voraus. Über Nacht ist sie ein berühmtes Hassobjekt nicht nur des französischen Bürgertums und zahlreicher Männer, die sie als frigide, nymphoman, lesbisch und als Abtreibungshexe beschimpfen, sondern auch des Vatikans und der Sowjetunion, die das Buch auf den Verbotsindex setzen.

1954 erhielt Beauvoir mit dem Prix Goncourt den bedeutendsten französischen Literaturpreis für ihren Schlüsselroman *Die Mandarins von Paris*. Von den sprunghaft steigenden Erlösen erwarb sie eine komfortablere Atelierwohnung in der *Rue Victor Schoelcher* – erstmals mit Bad, Küche und Schlafgalerie über einer Wendeltreppe – und zog dort mit Lanzmann ein. Die Wände dekorierten sie mit Stierkampfplakaten. Von seinen Reisen nach Nordkorea und China brachte Lanzmann koreanische Trommeln mit. Zur Einweihung »erkundeten wir alle Möglichkeiten, die sich horizontal wie vertikal eröffneten«. Die zwei Schreibtische wurden in dem großen Raum aufgestellt, und Lanzmann fiel es nun leichter, an seinen Artikeln zu schreiben, denn »der weite Raum des Ateliers befreite mich von allen Schuldgefühlen, wenn ich nicht arbeitete«. Die folgenden fünf Jahre verbrachte das Paar glücklich in dieser Wohnung und auf Reisen, wobei Lanzmann auch öfter mit Sartre unterwegs war. In seiner Autobiografie schildert er viele Erlebnisse mit den beiden, auch deren gelegentlich ausbrechende Krisen einer »existenziellen Angst«, die sich bei Sartre in Schwermut und bei Beauvoir in explosiven Weinkrämpfen ausdrückte.

1958 verändert sich etwas, Lanzmann spürt die Vorboten. Im Sommer verzögert er seine Abreise nach Capri, wo Sartre und Beauvoir ihn erwarten. Rastlos wandert er durch Paris und trifft sich mit einer anderen Frau, »einer Aristokratin mit doppeltem Adelstitel, jünger als Castor«. Die Sache läuft im Herbst weiter, und eines Tages beichtet er Castor alles. »Unendliche Erleichterung zeichnete sich auf ihrem Gesicht ab. Ihr ging es um die Wahrheit.« Sie schlägt ein Arrangement vor, er soll drei Tage und Nächte bei der einen, vier Tage und vier Nächte bei der anderen verbringen, in der nächsten Woche umgekehrt. Ihr Erfolgsmodell mit Sartre. Lanzmann bewundert sie für diese Idee und glaubt, »unerfahren wie ich war, ich hatte keine Ahnung von der weiblichen Psyche«, die Aristokratin würde »vor Freude in die Hände klatschen«. Naiv. Die Dame schäumt vor Wut und verlangt den Vorrang über die berühmte Rivalin, die sie keinesfalls treffen möchte. Für den armen Lanzmann beginnt eine Zeit »höllischer Zerrissenheit, denn Teilen erfordert Pünktlichkeit und Disziplin«, was die Aristokratin vor allem nachts zu konterkarieren versucht. So geht fast ein Jahr ins Land, bis Lanzmann sein Doppelleben abrupt beendet, die Rue Schoelcher verlässt und in einer Wohnung über dem *Café de Flore* zur Untermiete einzieht.

Simone ist traurig, aber nicht verbittert, sie bleibt mit Lanzmann lebenslang eng befreundet. Er heiratet dreimal. 1983 widmet Beauvoir ihm die beiden Bände der Briefe Sartres an sie: »Für Claude Lanzmann, mit all meiner Liebe«. Sie nimmt regen Anteil an seiner zwölfjährigen Arbeit an dem Holocaust-Dokumentarfilm *Shoa* und erlebt kurz vor ihrem Tod dessen Premiere. In den Siebzigerjahren löst Lanzmann sich innerlich von Sartre, der am Ende seines Lebens, fast blind und stark geschwächt, geistig und politisch in die Abhängigkeit eines Maoisten und Talmudgelehrten geraten war. Dieser legte ihm öffentlich Aussagen in den Mund, die mit Sartres Grundprinzipien nichts mehr zu tun hatten – ein Alptraum auch für Simone. Anlässlich des Attentats von Palästinensern auf israelische Sportler bei den

Olympischen Spielen in München verteidigt Sartre zum Entsetzen von Simone und Lanzmann das »Prinzip des Terrorismus als Notwendigkeit zu töten«.

Bei Simones Tod sitzt Claude an ihrem Sterbebett im Krankenhaus, ihre Hand haltend. Sartres und Beauvoirs geistiges Erbe pflegt er als Herausgeber von *Les Temps Modernes* bis zu seinem eigenen Tod, erst dann stellte der Verlag Gallimard das mittlerweile einflusslose Blatt ein. Mit Lanzmanns Tod verging der Geist der *Sartre-Jahre* endgültig.

Pariser Schauplätze

42, Rue Bonaparte, 4. Stock, Métro Saint-Germain-des-Prés ◆ Café Les Deux Magots, 6, Place Jean-Paul Sartre et Simone de Beauvoir, Métro Saint-Germain-des-Prés ◆ Café du Dôme und La Coupole, 108 und 102, Boulevard du Montparnasse, Métro Vavin ◆ Fontaine de Médicis, Jardin du Luxembourg, Rue de Médicis, RER Luxembourg ◆ Jardin du Caroussel (Louvre), 99, Rue de Rivoli, Métro Tuileries oder Palais-Royal/Musée du Louvre ◆ Café de Flore, 172, Boulevard Saint-Germain, Métro Saint-Germain-des-Prés ◆ Restaurant La Palette, 43, Rue de Seine, Métro Pont-Neuf oder Mabillon ◆ 91, Avenue Denfert-Rochereau, 5. Stock, Métro Saint-Jacques ◆ Hôtel La Louisiane, 60, Rue de Seine, Métro Mabillon ◆ 11, Rue de la Bûcherie, 5. Stock, Métro Cluny La Sorbonne ◆ 11 bis, Rue Victor Schoelcher, Métro Raspail ◆ 222, Boulevard Raspail, 10. Stock, Métro Rue du Bac ◆ Friedhof Montparnasse, Boulevard Edgar Quinet, Division 20 und 5, Métro Edgar Quinet

Quellen und Literatur

Allgemein

Bakewell, Sarah: *Das Café der Existenzialisten. Freiheit, Sein und Aprikosencocktails*. Aus dem Englischen von Rita Seuß. München 2017.

Beach, Sylvia: *Shakespeare and Company. Ein Buchladen in Paris*. Aus dem Amerikanischen von Lilly von Sauter. München 1961/2022.

Flügge, Manfred: *Paris ist schwer. Deutsche Lebensläufe in Frankreich*. Berlin 1992.

Illies, Florian: *Liebe in Zeiten des Hasses. Chronik eines Gefühls 1929–1939*. Frankfurt 2021.

Kardorff, Ursula von: *Adieu Paris*. München 1974.

Munzinger Online/Personen, Internationales Biographisches Archiv, Munzinger Archiv GmbH Ravensburg.

Ortheil, Hanns-Josef: *Paris, links der Seine*. Berlin 2017.

Poirier, Agnès: *An den Ufern der Seine. Die magischen Jahre von Paris 1940–1950*. Aus dem Englischen von Monika Köpfer. Stuttgart 2019.

Troller, Georg Stefan: *Dichter und Bohemiens in Paris. Literarische Streifzüge*. Düsseldorf 2003.

ders.: *Liebe, Lust und Abenteuer. 97 Begegnungen meines Lebens*. Wiesbaden 2019.

Weiss, Andrea: *Paris war eine Frau. Die Frauen von der Left Bank*. Aus dem Englischen von Susanne Goerdt. Hamburg 1998/2020.

Marlene Dietrich und Jean Gabin

Baur, Eva Gesine: *Einsame Klasse. Das Leben der Marlene Dietrich*. München 2017.

Bozon, Louis: *Marlène, la femme de ma vie*. Paris 1992.

Bret, David: *Meine Freundin Marlene. Eine Biographie*. Aus dem Englischen von Michael Haupt. Hamburg 2002.

Brumelin, André: *Jean Gabin – sein Leben, seine Filme, seine Frauen*. Aus dem Französischen von Klaus Budzinski. Berlin 1989.

Gauteur, Claude / Bernard, André: *Jean Gabin – seine Filme, sein Leben*. Aus dem Französischen von Antoinette Gitinger. München 1981.

Katz, Gabriele: *Marlene Dietrich. Die Kleider ihres Lebens*. München 2021. *Liebe mich. Erich Maria Remarque und die Frauen*. Berlin 2018.

Polgar, Alfred: *Marlene. Bild einer berühmten Zeitgenossin*. Herausgegeben und Nachwort von Ulrich Weinzierl. München 2016.

Riva, Maria: *Meine Mutter Marlene*. Aus dem Amerikanischen von Julia Beise u. a. München 1992.

Buckard, Christian / Guthmann, Daniel: *Marlene Dietrich und Jean Gabin. Eine unvollendete Liebe*. Filmdokumentation, WDR 2012.

Edith Piaf und Georges Moustaki

Berteaut, Simone: *Piaf – Récit*. Paris 1969.

Julien, Olivier: *Georges Moustaki et ses premiers interprètes*. Intégrale 1955–1962. CD/Livret.

Lange, Monique: *Edith Piaf. Ihr Leben in Texten und Bildern*. Aus dem Französischen von Hugo Beyer. Mit einem Verzeichnis ihrer Lieder. Berlin 2015.

Moustaki, Georges / Meir, Siegfried: *Fils du brouillard*. Paris 2000.

Moustaki, Georges: *Ma petite patrie*. In: Revel, Jean-François / Sarraute, Claude / Monier, Louis: *Notre Île Saint-Louis*. Paris 2001. S. 133.

Moustaki, Pia: *Fille de Métèque*. Paris 2019.

N.N.: *Le IVème de Georges Moustaki*. In: *Le Parisien*. 27. Mai 2000.

Piaf, Edith: *Mein Leben*. Aus dem Französischen von Hella Schroeter und Erika Wollber. Reinbek 1988.

Piaf, Edith: *Edith Piaf présente Jo Moustaki*. In: *Georges Moustaki et ses premiers interprètes*. Intégrale 1955–1962. CD 3/Titres Bonus 24. 5:48/1958.

Rosteck, Jens: *Edith Piaf – Hymne an das Leben*. Berlin 2015.

Troller, Georg Stefan: *Hochzeit Edith Piaf mit Théo Sarapo*. Pariser Journal 17/1962. WDR.

Hadley Richardson und Ernest Hemingway

Donaldson, Scott: *The Paris Husband. How it really was between Ernest and Hadley Hemingway*. New York 2018.

Diliberto, Gioia: *Paris without End. The true Story of Hemingway's first Wife*. New York u. a. 1992/2011.

Hemingway, Ernest: *Paris, ein Fest fürs Leben*. Neuere, 1992 von Patrick und Gregory Hemingway herausgegebene Fassung. Aus dem Englischen von Werner Schmitz. Hamburg 2017. *Ausgewählte Briefe 1917–1961*. Hrsg. von Carlos Baker. Aus dem Amerikanischen von Werner Schmitz. Berlin 1987. … *How we came to Paris*. Collier's magazine October 7, 1944.

Leineweber, Gino: *Hemingway. Wie alles begann. Kindheit und Jugend in Michigan*. Hamburg 2021.

Lynn, Kenneth S.: *Hemingway – eine Biographie*. Aus dem Amerikanischen von Werner Schmitz. Reinbek 1989.

Rodenberg, Hans-Peter: *Ernest Hemingway*. rowohlts monographien. Reinbek 2019.

Colette und Mathilde Marquise de Belbeuf

Colette: *Diese Freuden*. Aus dem Französischen von Maria Dessauer. Berlin (Académie de Berlin) 2017. *Lettres à Missy*. Texte établi et présenté par Samia Bordji et Frédéric Maget. Paris 2009. *Meine Lehrjahre*. Deutsch von Uli Aumüller. Hamburg 1980. Reprint Hamburg 2017. *La Vagabonde*. Aus dem Französischen von Grit Zoller. Neu bearbeitet von Judith Petrus. Berlin 2021.

N. N.: *Colette à Paris, Saint-Coulomb, Montfort-Lamaury …* www.terredesecrivains.com 14.08.2003.

Lazard, Madeleine: *Colette*. Paris 2008.

Lottman, Herbert: *Colette. Eine Biographie*. Aus dem Französischen von Roseli und Saskia Bontjes van Beek. Frankfurt 1999.

Coco Chanel und Hans Günther von Dincklage

Baxter-Wright, Emma: *Little Book of Chanel. Das Leben und Vermächtnis von Coco Chanel*. Übersetzung Rotkel – Die Textwerkstatt. Hamburg 2022.

Charles-Roux, Edmonde: *Coco Chanel. Ein Leben*. Aus dem Französischen von Erika Tophoven-Schöningh. Frankfurt 2022.

Courcy, Anne de: *Coco Chanels Riviera. Vom Lieben, Leben und Überleben an der Côte d'Azur*. Aus dem Englischen von Elke Link. Berlin 2022.

Flügge, Manfred: *Das flüchtige Paradies. Deutsche Schriftsteller im Exil an der Côte d'Azur*. Berlin 2019.

Morand, Paul (Hrsg.): *Die Kunst, Chanel zu sein. Coco Chanel erzählt ihr Leben.* Aus dem Französischen von Annette Lallemand. München 2012.

Nieradka-Steiner, Magali: *Exil unter Palmen. Deutsche Emigranten in Sanary-sur-Mer.* Darmstadt 2018.

Pellegrini, Laurence: *La séduction comme couverture. L'agent secré Hans Günther von Dincklage en France.* In: Dokumente/Documents 4/2011, S. 74–76.

Schlögel, Karl: *Der Duft der Imperien. Chanel N° 5 und Rotes Moskau.* München 2020.

Vaughan, Hal: *Coco Chanel – der schwarze Engel. Ein Leben als Nazi-Agentin.* Aus dem Amerikanischen von Bernhard Jendricke u. a. Hamburg 2011.

Meret Oppenheim und Max Ernst

Baur, Simon: *Meret Oppenheim Geheimnisse. Eine Reise durch Leben und Werk.* Zürich 2021.

Baur, Simon / Fluri, Christian (Hrsg.): *Meret Oppenheim. Eine Einführung.* Basel 2013.

Breton, André: *Manifestes du surréalisme.* Paris, Ausgabe 1979.

Dresler, Nastasja S.: *Weiblichkeit als Muse für den männlichen Blick. Man Rays Aktfotografie.* Kunsthistorisches Institut der Universität Zürich 2015. URL: http://archiv.ub.uni heidelberg.de/artdok/volltexte/2015/3477

Eipeldauer, Heike: *»Große Kunst ist immer männlich-weiblich«. Meret Oppenheim und die Utopie von Androgynität.* In: Pfeiffer, Ingrid (Hrsg.): *Fantastische Frauen. Surreale Welten von Meret Oppenheim bis Frida Kahlo.* Katalog der Schirn Kunsthalle Frankfurt 2020. S. 67–98.

Fischer, Lothar: *Max Ernst mit Selbstzeugnissen und Bilddokumenten.* Reinbek 1969.

Katz, Gabriele: *Meret Oppenheim: Galionsfigur des Feminismus*. In: *Fantastische Künstlerinnen. Von Frida Kahlo bis Unica Zürn*. Berlin 2022. S. 24–46.

Kunstmuseum Bern (Hrsg.): *Meret Oppenheim – mon Exposition 22.10.2021–13.2.2022*. Ausstellungsbroschüre und Digitorial® (bis 2026).

Kuriger, Bice: *Meret Oppenheim*. In: Museum Wiesbaden (Hrsg.): *Künstlerinnen des 20. Jahrhunderts*. Katalog. Wiesbaden 1990. S. 252–257.

Meyer-Thoss, Christiane: *Meret Oppenheim. Buch der Ideen*. Mit Fotografien von Heinrich Helfenstein. Bern 1996.

Pfeiffer, Ingrid: *Fantastische Frauen in Europa, den USA und Mexiko*. In: Pfeiffer, Ingrid (Hrsg.): *Fantastische Frauen. Surreale Welten von Meret Oppenheim bis Frida Kahlo*. Katalog der Schirn Kunsthalle Frankfurt 2020. S. 25–66.

Schmidt-Langens, Daniela: *Meret Oppenheim – eine Surrealistin auf eigenen Wegen*. DVD, 0:56 h. Absolut Media GmbH in Zusammenarbeit mit ARTE Deutschland und ZDF 2013.

Waldberg, Patrick: *Max Ernst*. Aus dem Französischen von Günter Pössiger. München 1975.

Wenger, Lisa / Corgnati, Martina (Hrsg.): *Meret Oppenheim. Worte nicht in giftige Buchstaben einwickeln. Das autobiografische Album »Von der Kindheit bis 1943« und unveröffentlichte Briefwechsel*. Zürich 2013.

Juliette Gréco und Miles Davis

Carr, Ian: *Miles Davis – eine kritische Biographie*. CH-Baden 1985.

Davis, Miles / Troupe, Quincy: *Die Autobiographie*. Aus dem Amerikanischen von Brigitte Jakobeit. München 2000.

Dax, Max: *Juliette Gréco 2004, Berlin. Herbie Hancock*

2005, Castiglioncello. In: Dax, Max: *Dreißig Gespräche*. Frankfurt am Main 2008. S. 36–45 und S. 46–56.

Gréco, Juliette: *jujube* (Autobiografie). Paris 1982. *So bin ich eben. Erinnerungen einer Unbezähmbaren*. Aus dem Französischen von Herbert Fell. München 2012.

Hentz, Stefan / Naura, Michael: *Miles Davis*. In: Zeitverlag (Hrsg.): *Legenden des Jazz*. Hamburg o.J. S. 118–139.

Konrad, Jörg: *Miles Davis – die Geschichte seiner Musik*. Kassel 2008.

Médioni, Frank: *Miles Davis*. Paris 2022.

Sandner, Wolfgang: *Miles Davis – eine Biographie*. Berlin 2010.

Wießmüller, Peter: *Miles Davis. Sein Leben, seine Musik, seine Schallplatten*. Schaftlach 1988.

Willemsen, Roger: *Musik – über ein Lebensgefühl*. Hrsg. v. Insa Wilke. Frankfurt 2018.

Jean Seberg und Romain Gary

Andrews, Benedict (Regie): *Against all Enemies*. Filmbiografie, 1:43 h, Drehbuch Joe Shrapnel und Anna Waterhouse, Kamera Rahel Morrison, 2019. ©Amazon Studios.

Anissimov, Myriam: *Romain Gary, le caméléon*. Paris 2004.

Bona, Dominique: *Romain Gary*. Paris 1987.

Chemin, Ariane: *Mariage en douce. Gary & Seberg*. Paris 2016.

Decout, Maxime: *Album Romain Gary*. Paris 2019.

N.N.: *L'art passionnel, destructeur et sauveur de Romain Gary et Jean Seberg*. France Culture o.D.

Gary, Alexandre Diego: *S. ou l'ésperance de vie*. Paris 2009.

Gary, Romain: *La Promesse de l'Aube*. Paris 1960/1980. *Frühes Versprechen*. Aus dem Französischen von Gío Waeckerlin Induni. Frankfurt 2008. *La nuit sera calme*. Paris 1974. *Vie et mort d'Émile Ajar*. Paris 1981.

Grob, Norbert: *Jean Seberg*. In: Grob, Norbert/Kiefer, Bernd/Klein, Thomas/Stiglegger, Markus (Hrsg.): *Nouvelle Vague*. Mainz 2006. S. 130–131.

Schmitt-Gläser, Angela: *Wandlerin zwischen den Welten. Jean Seberg (1938–1979)*. In: Kahlweit, Cathrin (Hrsg.): *Jahrhundertfrauen. Ikonen – Idole – Mythen*. München 1999.

Troller, Georg Stefan: *Romain Gary und Jean Seberg*. Pariser Journal 56/1970, WDR.

Simone de Beauvoir und Claude Lanzmann

Beauvoir, Simone de: *Memoiren einer Tochter aus gutem Hause*. Aus dem Französischen von Eva Rechel-Mertens. *In den besten Jahren*. Aus dem Französischen von Ralf Soellner. *Der Lauf der Dinge*. Aus dem Französischen von Paul Baudisch. Reinbek bei Hamburg 1968, 1961, 1966. *Die Legendären Gespräche mit Alice Schwarzer*. Zürich 2022.

Dax, Max/Kedves, Jan: *Claude Lanzmann, 2007, Paris*. In: Dax, Max: *Dreißig Gespräche*. Frankfurt 2008.

Lanzmann, Claude: *Der patagonische Hase*. Reinbek bei Hamburg 2010.

Le Bon de Beauvoir, Sylvie: *Album Simone de Beauvoir*. Paris 2018.

Madsen, Axel: *Jean-Paul Sartre und Simone de Beauvoir. Die Geschichte einer ungewöhnlichen Liebe*. Deutsch von Pauline Schulz. Düsseldorf 1980.

Prinz, Alois: *Das Leben der Simone de Beauvoir*. Berlin 2021.

Schmidt, Roman Léandre: *Engagement und Widerstand: 70 Jahre Les Temps Modernes*. In: Zepp, Susanne (Hrsg.): *Le Regard du Siècle. Claude Lanzmann zum 90. Geburtstag. Ein internationales Symposion*. Baden-Baden 2017. S. 89–105.

Zitat-Übersetzungen aus französischsprachigen Quellen, deren Urheber nicht explizit in dieser Literaturliste genannt sind, stammen von Andrea Reidt.

Bildnachweis

© Archives Charmet/Bridgeman Images: S. 62; © getty images/Keystone-France/Kontributor: S. 120; © Keystone Press/Alamy Stock Foto: S. 20; Man Ray, *Erotique voilée* © Man Ray 2015 Trust/VG Bild-Kunst, Bonn 2023: S. 85; © mauritius images/Superstock/Camera Press/Sydney Morning Herald: S. 78; © picture alliance: S. 6; © picture alliance/ Associated Press: S. 34, 106; © picture alliance/ akg-images|akg-images: S. 48; © picture alliance/ Dalle APRF|© Dalle APRF: S. 92; © Andrea Reidt: S. 16, 23, 40, 59, 65, 89, 98, 115, 127; © Jasper Reidt: S. 47

1. Auflage 2023

Umschlaggestaltung: Lisa Neuhalfen, moretypes, Berlin
Cover: Interfoto / Classikstock / H. Armstrong Roberts
Satz: Birgit Cirksena · Satzfein, Berlin
Druck und Bindung: GGP Media GmbH, Pößneck
ISBN 978-3-86915-290-5
www.ebersbach-simon.de

Gedruckt auf Papier aus nachhaltiger Forstwirtschaft
Printed in Germany

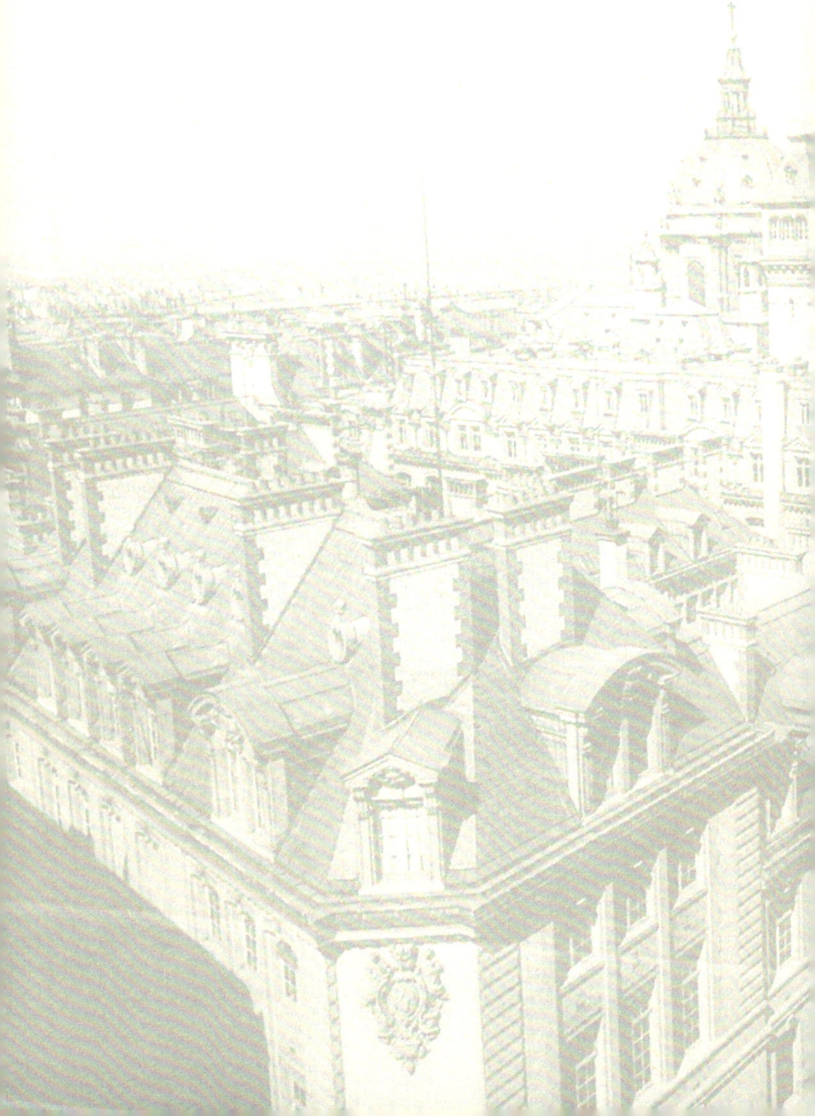